TOTAL VERRÜCKT!

DINOSAURIER

DK

DK | Penguin Random House

Text Stevie Derrick, Dean Lomax, John Woodward
Illustrationen Adam Benton, Peter Bull, Stuart Jackson-Carter, Arran Lewis, Naomi Murray, Gus Scott
Fachliche Beratung Professor Paul Barrett
Lektorat Shaila Brown, Rachel Fox, Andrew Macintyre, Liz Wheeler, Jonathan Metcalf
Gestaltung und Bildredaktion Joe Lawrence, Sunita Gahir, Peter Radcliffe, Samantha Richiardi, Aditya Katyal, Adam Brackenbury, Steve Crozier, Owen Peyton Jones, Karen Self
Umschlaggestaltung Stephanie Cheng Hui Tan, Priyanka Sharma Saddi, Sophia MTT
Herstellung Gillian Reid, Meskerem Berhane

Für die deutsche Ausgabe:
Verlagsleitung Monika Schlitzer
Programmleitung Heike Faßbender
Redaktionsleitung Martina Glöde
Projektbetreuung Natalie Capalija
Herstellungsleitung Dorothee Whittaker
Herstellungskoordination Bianca Isack
Herstellung Verena Marquart

Titel der englischen Originalausgabe:
It Can't Be True! Dinosaurs

Übersetzung Eva Sixt
Lektorat Claudia Wagner

ISBN 978-3-8310-4739-0

Druck und Bindung Golden Prosperity Printing & Packaging (Heyuan) Co., Ltd.

FSC www.fsc.org MIX Papier | Fördert gute Waldnutzung FSC® C018179

www.dk-verlag.de

TOTAL VERRÜCKT!

DINOSAURIER

INHALT

1 ZEITALTER DER GIGANTEN

2 DINOSAURIER-BIOLOGIE

3 FASZINIERENDE URZEITTIERE

4 FANTASTISCHE FOSSILIEN

5 WELT DER DINOSAURIER

Zeitalter der Giganten

Während des Mesozoikums, das sich über mehr als 135 Millionen Jahre erstreckte, beherrschten die Dinosaurier die Erde. Sie waren die größten, schwersten und spektakulärsten Landtiere aller Zeiten.

Die ersten uns bekannten Dinosaurier lebten in der Trias, aber die wirklich berühmten Giganten entwickelten sich im Jura-Zeitalter. Auf der Landmasse, die heute Nordamerika bildet, gab es furchterregende Räuber wie *Allosaurus*, der in dieser Darstellung den riesigen *Brontosaurus* angreift.

WANN LEBTEN DIE DINO-SAURIER?

Die Dinosaurier beherrschten die Erde im Erdmittelalter, dem Mesozoikum. Diesen unvorstellbar langen Abschnitt der Erdgeschichte unterteilt man in drei Perioden. Die Dinos erschienen in der Trias, entwickelten sich im Jura weiter und die meisten Arten starben am Ende der Kreidezeit aus. Die einzige Dinosauriergruppe, die bis heute auf allen Kontinenten überlebt hat, sind Vögel.

INTERESSANT!

Im Jahr 1842 erkannte der Paläontologe Richard Owen, dass die Fossilien von *Iguanodon*, *Megalosaurus* und *Hylaeosaurus* von einer Gruppe ausgestorbener Tiere stammten. Er nannte sie „Dinosaurier“, was „schreckliche Echsen“ bedeutet.

Richard Owen mit dem Skelett eines Moas, eines ausgestorbenen riesigen Laufvogels.

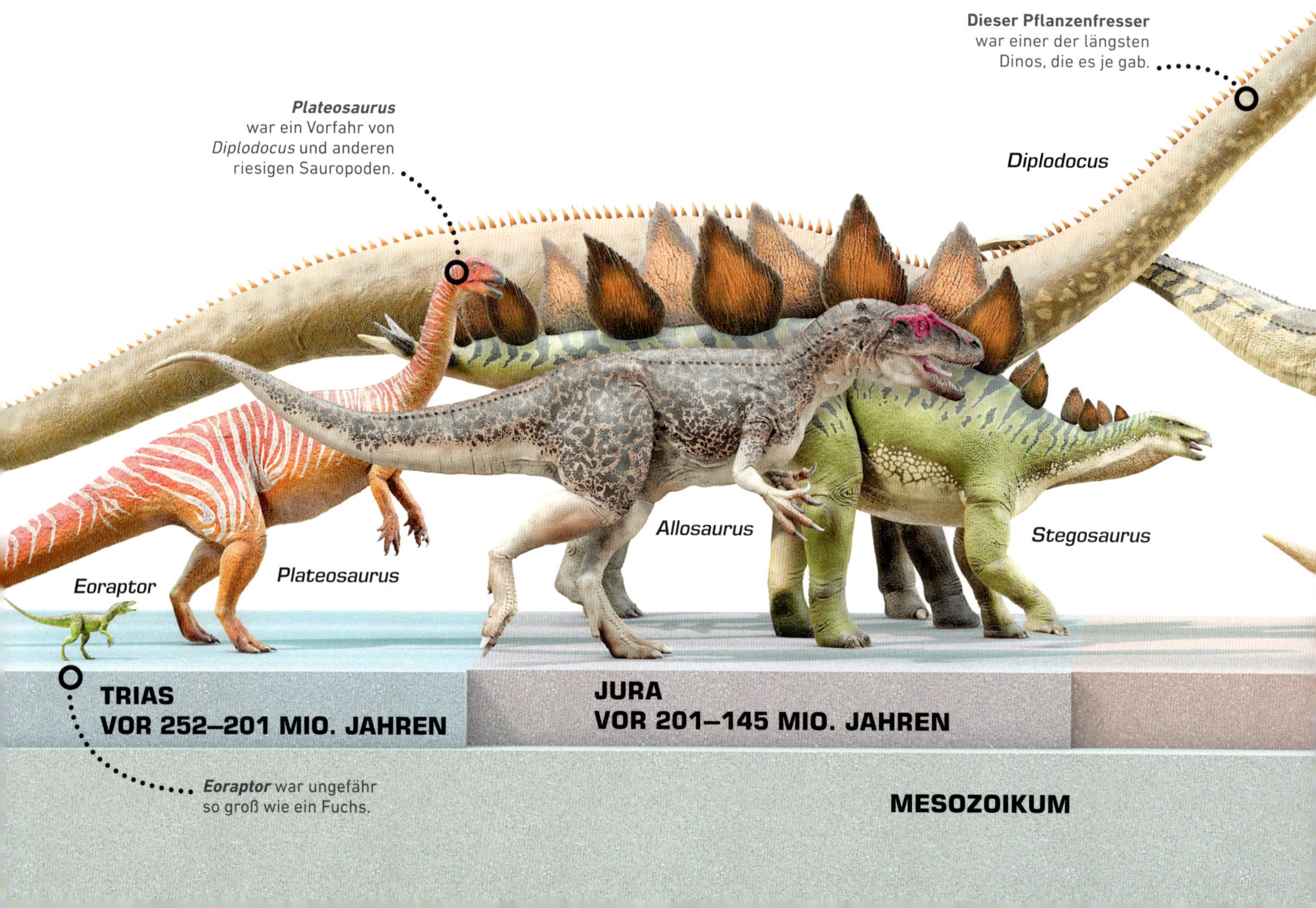

Die ersten Dinosaurier entwickelten sich in der Trias.

DINOSAURIER-EVOLUTION

Keine Dinosaurierart existierte während des gesamten Erdmittelalters. Viele Dinos der Trias und des Jura waren in der Kreidezeit bereits ausgestorben und nur als Fossilien im Erdboden unter späteren Dinosaurierarten erhalten. Bereits vor den Dinos hatten sich unzählige Tiere entwickelt und waren bereits wieder ausgestorben, als die ersten Dinos die Erde bevölkerten.

Die Dinosaurier lebten mehr als 235 Mio. Jahre lang auf der Erde. Moderne Menschen gibt es erst seit 300 000 Jahren. Unsere Art, der *Homo sapiens*, ist das letzte überlebende Mitglied der Gattung *Homo*, die sich in Afrika vor mehr als 3 Milliarden Jahren entwickelte.

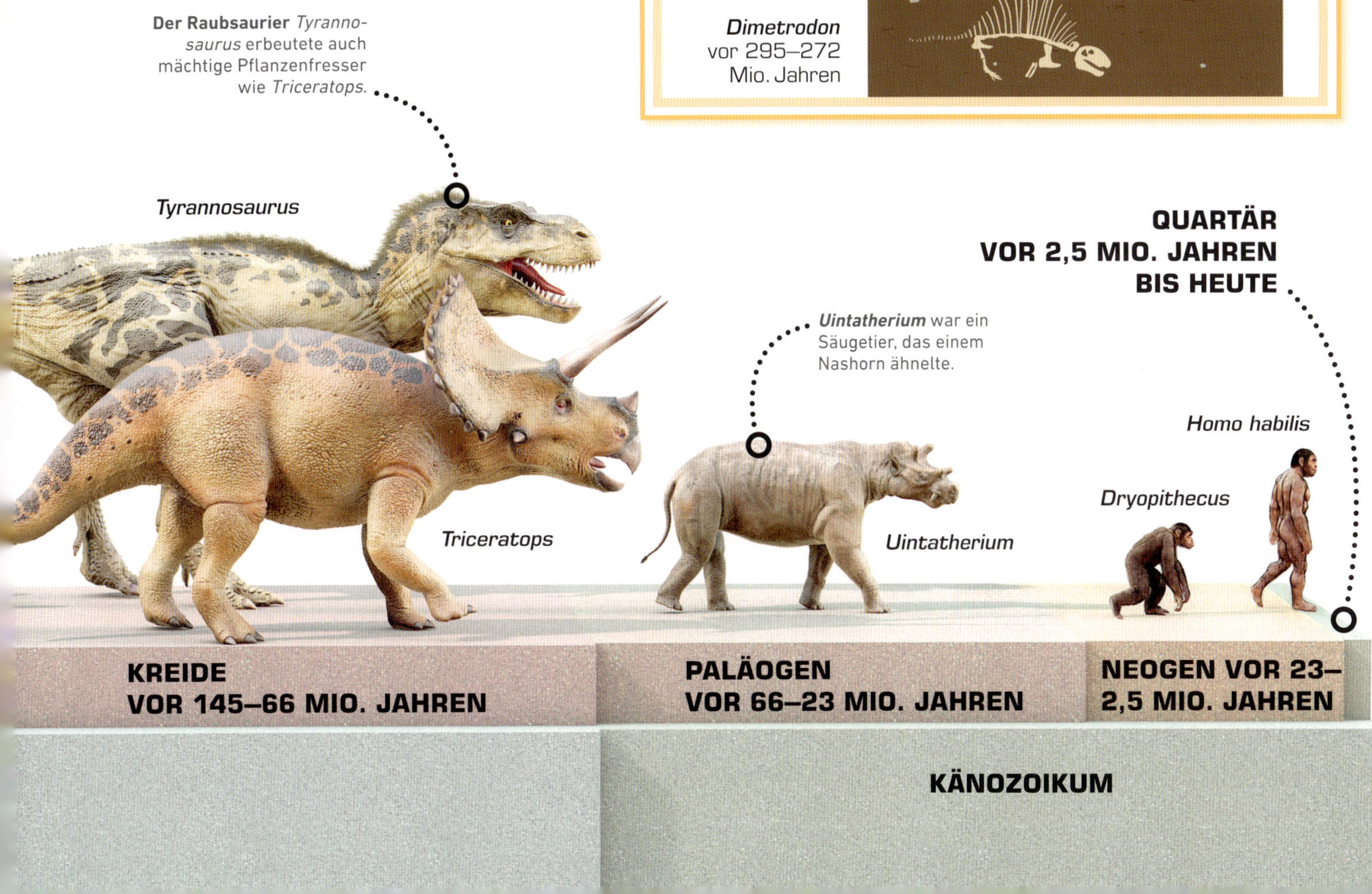

WELCHER DINOSAURIER WAR AM SCHWERSTEN?

Die Titanosaurier gehörten zur Gruppe der Sauropoden. Zu ihnen gehörten die größten Landtiere, die jemals auf der Erde lebten und *Argentinosaurus* war vielleicht der Allergrößte unter ihnen. Anhand nur weniger Fossilien wie ein paar Rippen, einigen Wirbeln und zwei Beinknochen hat die Wissenschaft herausgefunden, wie gigantisch dieser Dino war. Er lief durch die Wälder der Kreidezeit und fraß alle Pflanzen, die ihm vor die Schnauze kamen.

Mit seinem enorm langen Hals konnte *Argentinosaurus* Blätter in den Baumkronen pfücken.

Mit seinem langen, muskulösen Schwanz hielt der Dino das Gleichgewicht und schlug nach Angreifern.

INTERESSANT!

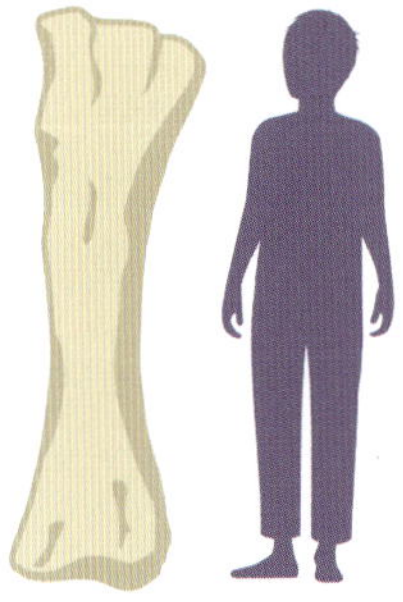

Das Wadenbein von *Argentinosaurus* ist 155 cm lang, ungefähr so lang, wie ein 12-jähriges Kind groß ist. Es wurde 1987 auf dem Grund einer Farm in Argentinien entdeckt.

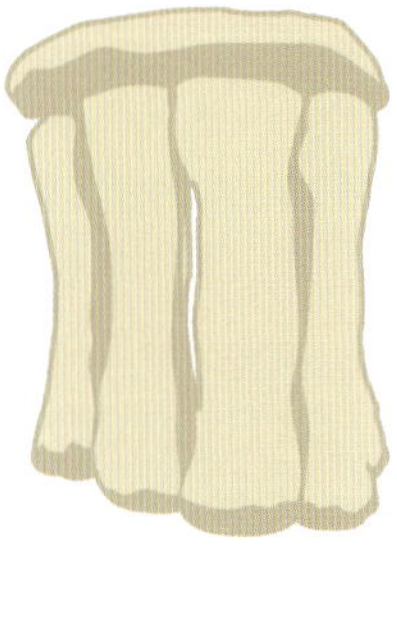

Bei vielen *Titanosauriern* bildeten die Mittelhandknochen eine senkrechte Säule, die das Gewicht trug. Die gleichen Knochen stützen unsere Handfläche.

SÜDAMERIKANISCHER RIESE

Argentinosaurus ist nach dem Land benannt, in dem man seine Fossilien erstmals fand, dem heutigen Argentinien. Zu seiner Zeit sah die Landschaft dort aber ganz anders aus. Es gab üppige Wälder und riesige Ebenen. Auf dem urzeitlichen Kontinent lebten im Bereich des heutigen Südamerika viele verschiedene riesige Dinos.

Argentinosaurus lebte in einem trockenen Lebensraum, wie man an den Fundstätten seiner Fossilien herausfinden konnte.

Dieser Dinosaurier wog unglaubliche 75 t – etwa so viel wie 38 Autos – und alles an ihm war riesig. Er war kräftig gebaut, die Knochen waren massiv und die Muskeln stark. Der größte Knochen, den man bisher entdeckt hat, ist ein Wirbel, der 1,6 m hoch und 1,2 m breit ist.

Argentinosaurus **war vielleicht das schwerste Landtier aller Zeiten.**

RIESIGE VEGETARIER

An den versteinerten Fußspuren einiger Dinosaurier kann man erkennen, dass diese Pflanzenfresser in Herden unterwegs waren. Oft beschützten ältere Tiere die Jungen, genau wie es Elefanten heute tun. Große Sauropoden wie *Alamosaurus* streiften vielleicht in ausgedehnten Gebieten umher, um ausreichend Nahrung zu finden. Mit ihren langen Hälsen konnten sie Blätter hoch in den Baumkronen erreichen und sich zusätzlich sogar auf ihren Hinterbeinen aufrichten.

Sauropoden-Fossilien fand man auf allen Kontinenten außer in der Antarktis.

WER WAR DER **GRÖSSTE FLEISCH-FRESSER?**

Anhand der 100 Millionen Jahre alten Fossilien von *Spinosaurus*, die man in den nordafrikanischen Wüsten fand, lässt sich vermuten, dass er der größte Jäger aller Zeiten gewesen sein könnte. Vielleicht war er sogar größer als *Tyrannosaurus*. Weil kein vollständiges Skelett gefunden wurde, ist dies nicht sicher, aber einige Wissenschaftler und Forscherinnen nehmen an, dass er 18 Meter lang werden konnte, länger als ein Schulbus.

***Spinosaurus* war wohl der größte fleischfressende Dinosaurier.**

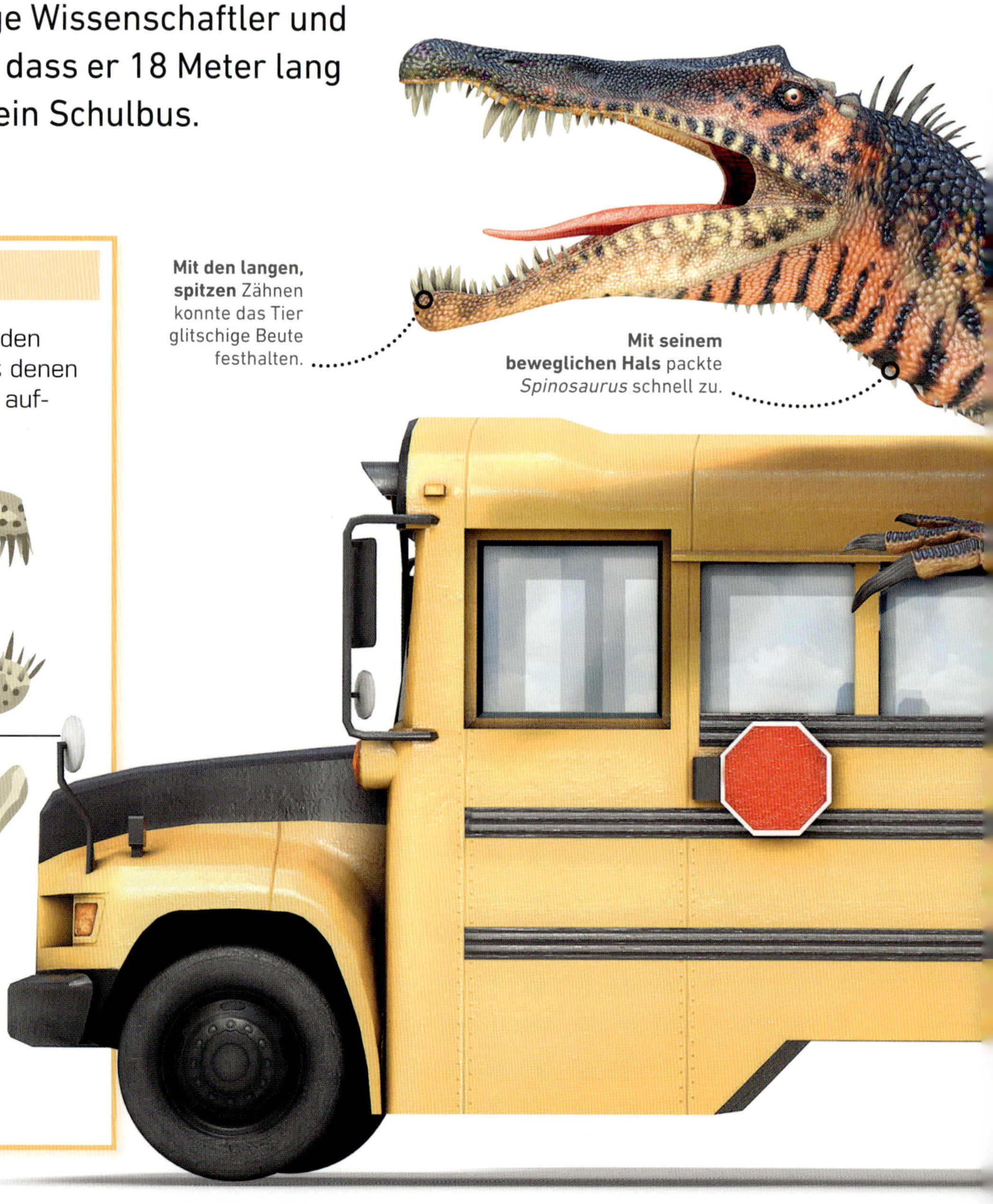

INTERESSANT!

In den Poren der Schnauze befanden sich womöglich Sinnesorgane, mit denen das Tier im trüben Wasser Beute aufspüren konnte.

An den Händen saßen drei Finger mit gekrümmten Krallen, mit denen der Dino Fische fing. Er konnte sie festhalten und dann mit seinen Kiefern packen.

SEGEL ODER BUCKEL?

Das merkwürdigste Merkmal dieses Dinos sind lange Fortsätze, die am Rücken aufragen. Sie waren so hoch wie ein erwachsener Mensch und stützten vermutlich ein Segel, mit dem das Tier Körperwärme abgeben konnte, um sich abzukühlen. Vielleicht formten sie aber auch einen Buckel oder kamen bei der Balz zum Einsatz.

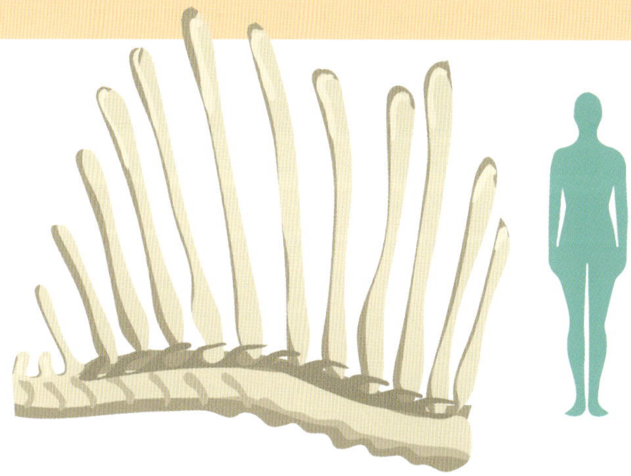

Das hohe Rückensegel ließ den Dino noch größer erscheinen.

Fossilien gaben der Forschung schon immer Rätsel auf. Es besteht kein Zweifel, dass *Spinosaurus* sehr groß war, aber zudem hatte er eine seltsame Gestalt und ungewöhnlich kurze Hinterbeine, einen seitlich abgeflachten Schwanz und ein hohes Rückensegel. Weshalb ihm diese Anpassungen in seinem sumpfigen Lebensraum von Vorteil waren, wird noch diskutiert. In den Kiefern saßen lange, spitze Zähne, deshalb war er vermutlich ein sehr guter Jäger.

Allein die gefährlichen Kiefer von *Spinosaurus* waren **1 m** lang.

EIN FISCHJÄGER

Chemische Analysen der Zähne zeigen, dass *Spinosaurus* Fische (wie diesen urzeitlichen Sägefisch) fraß. Erbeutete er sie im Wasser wie ein Krokodil? Sein mächtiger Schwanz war an das Tauchen angepasst und das Rückensegel stabilisierte seinen Körper im Wasser. An Fossilien des Dinos *Baryonyx* erkennt man Bissspuren, die vermuten lassen, dass *Spinosaurus* auch große Landtiere angriff. Vielleicht packte er sie spontan und unerwartet, wenn sie zum Trinken ans Wasser kamen.

***Supersaurus* war** länger als ein Tennisplatz und wog 40 t. Seine Hüften waren so breit wie ein Auto und er gehörte zu den größten Dinos der Erde.

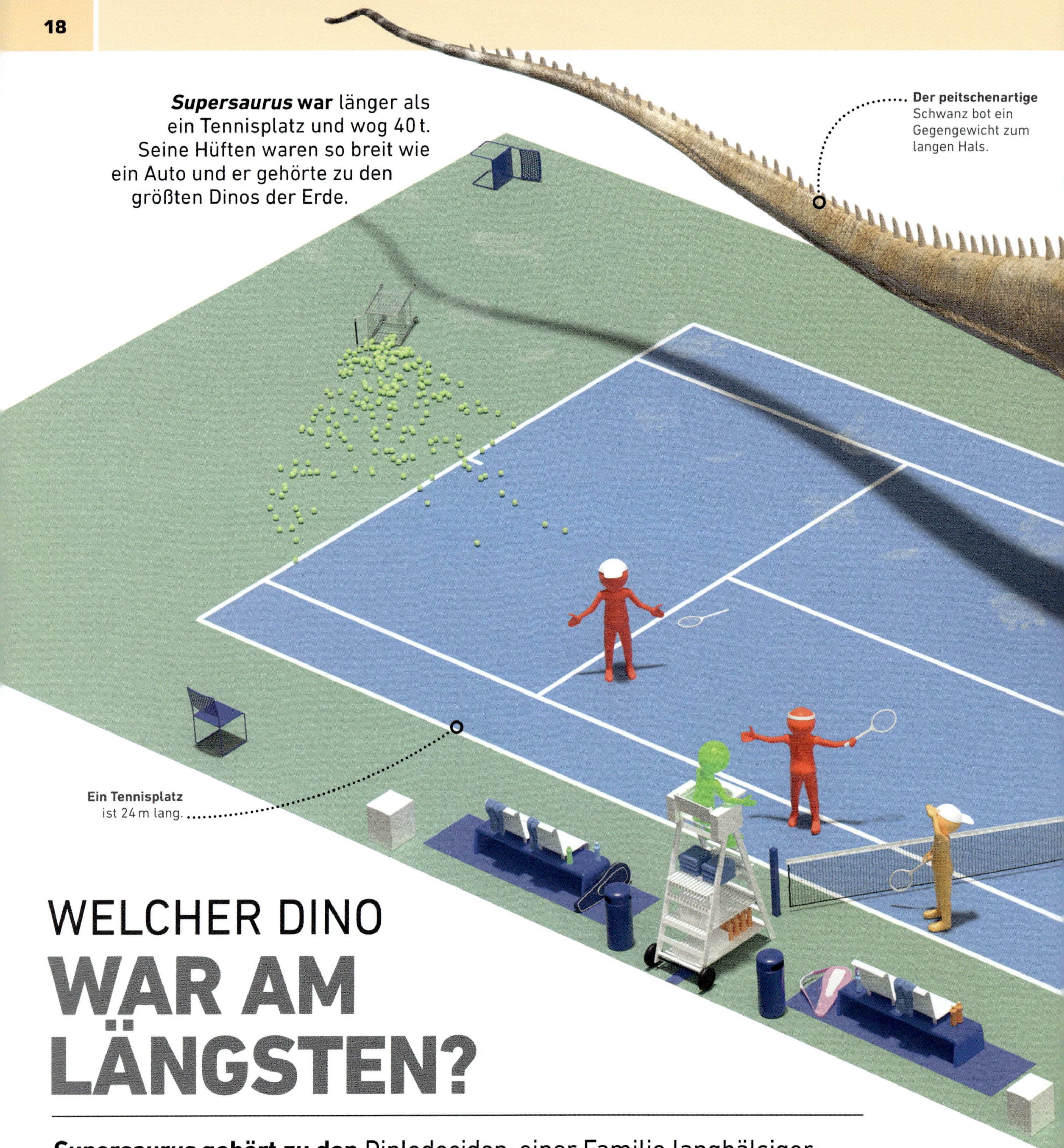

WELCHER DINO **WAR AM LÄNGSTEN?**

***Supersaurus* gehört zu den** Diplodociden, einer Familie langhälsiger Dinosaurier. Er war ein riesiger Pflanzenfresser, der im späten Jura vor etwa 150 Millionen Jahren durch Sümpfe streifte. Von der Schnauze bis zum Schwanz maß er 39 Meter und hatte im Verhältnis zu seinem Körper einen enorm langen Hals. Man fand nur wenige Fossilien von ihm, darunter Wirbelknochen.

DAS LÄNGSTE TIER DER ERDE

Supersaurus war zwar der längste Dinosaurier, aber nicht das längste Tier. Den Rekord hält mit 46 m Länge – etwa so lang wie fünf Busse hintereinander – ein Tier der Tiefsee. Es ist eine Staatsqualle, die genaugenommen eine ganze Kolonie aus kleinen Tieren umfasst. Jedes Mitglied hat eine spezielle Aufgabe. Manche Tiere fangen z. B. Nahrung, während andere sie verdauen.

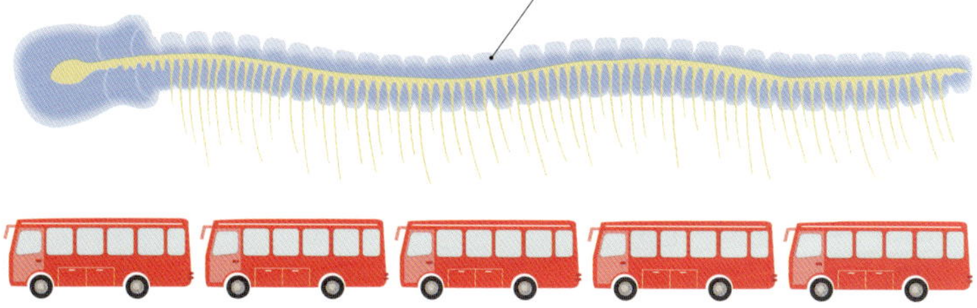

***Supersaurus* könnte der längste Dino aller Zeiten gewesen sein.**

WELCHER DINO WAR AM HÖCHSTEN?

Sauropoden hatten längere Hälse als alle anderen Tiere, die man kennt. Obwohl man nicht alle versteinerten Halswirbel gefunden hat, schätzt man, dass der Hals von *Sauroposeidon* der längste war. Der längste von den uns bekannten vier gewaltigen Halswirbeln misst 1,25 Meter. Der kleine Kopf des Tiers könnte damit 18 Meter über dem Erdboden geschwebt sein.

INTERESSANT!

Die Giraffe ist mit bis zu 6 m Höhe das höchste Tier, das heute an Land lebt. Sie hat sieben Halswirbel, genauso viele wie ein Mensch, aber jeder Wirbel ist enorm lang.

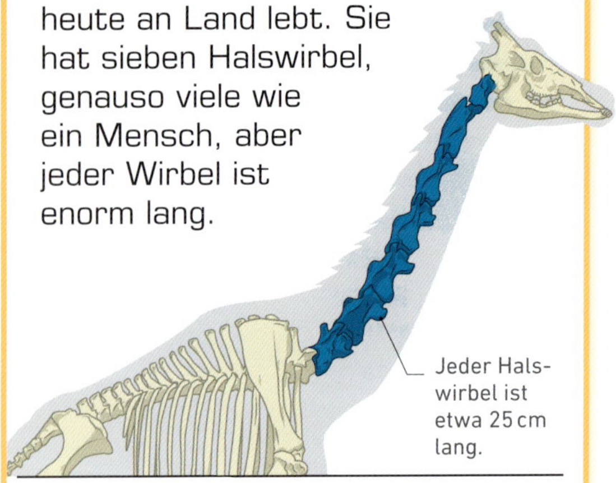

Kein anderer Vogel hat einen so langen Hals wie der Strauß. Er kann ihn herabbeugen, um Pflanzen und kleine Tiere zu fressen.

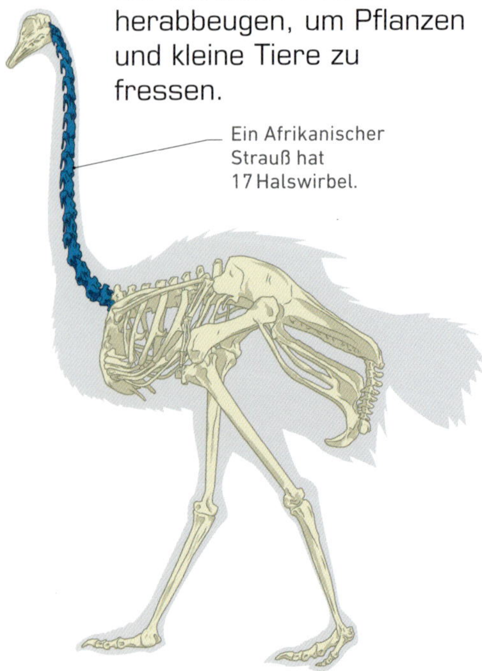

***Sauroposeidon* hätte in die Fenster im 6. Stock blicken können.**

Wie die meisten Sauropoden hielt das Tier mit seinem langen Schwanz das Gleichgewicht.

***Sauroposeidon* streifte** vor etwa 110 Millionen Jahren im Zentrum Nordamerikas umher. Mit seinem enorm langen Hals erreichte er die Blätter hoch oben in den Baumkronen, ohne sich aufzurichten. Der Hals eines Brachiosauriers dagegen war nur ungefähr 9 m lang. *Sauroposeidon* konnte also an doppelt so viel Blätternahrung gelangen.

Man kennt kein anderes Tier, das im Verhältnis zum restlichen Körper einen so kleinen Kopf hatte wie *Sauroposeidon*.

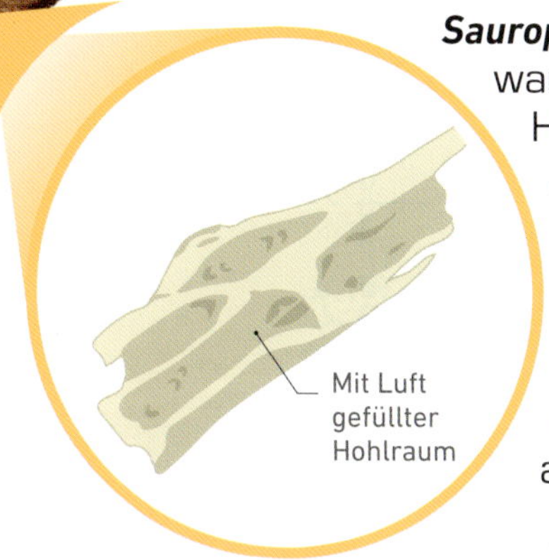

***Sauroposeidons* Knochen** waren von luftgefüllten Hohlräumen durchzogen und deshalb sehr leicht. Sie hatten außerdem dünne Wände, die an manchen Stellen nicht dicker waren als eine Eierschale.

STACHELN AM HALS

Bajadasaurus, ein Sauropode, der vor 145 Millionen Jahren in Patagonien lebte, hatte einen ungewöhnlichen langen Hals. An der Hinterseite ragten gekrümmte Stacheln heraus. Sie waren paarig angeordnet und könnten Hautsegel aufgespannt haben.

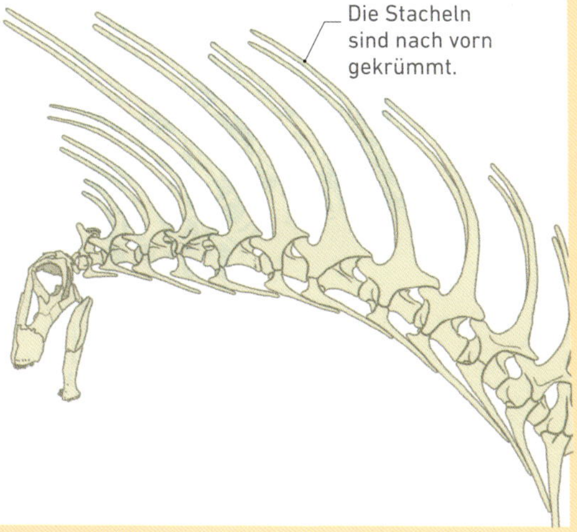

TRUGEN DIE DINOSAURIER EIN FEDERKLEID?

Früher vermutete man, dass alle Dinos, ähnlich der heute lebenden Reptilien, Schuppen gehabt hätten. Und tatsächlich war dies vor allem bei großen Arten der Fall. Um 1990 entdeckte man allerdings in Liaoning (China) gut erhaltene Fossilien, an denen man erkennen kann, dass viele kleine Theropoden – Fleischfresser, die auf ihren Hinterbeinen liefen – Federn trugen. Bei einigen waren diese einfach gebaut und flauschig, bei anderen den Federn der heutigen Vögel ähnlich.

Lange Federn
An den Armknochen des adlergroßen *Velociraptor* wurden Ansätze für Federn mit breiten Fahnen nachgewiesen. Zum Fliegen waren sie jedoch nicht lang genug. Vielleicht setzte der Dino sie bei der Balz ein. Es ist aber auch nachgewiesen, dass ähnliche Dinosaurier mit ihren gefiederten Armen ihre Eier wärmten, um sie auszubrüten.

Der Körper von *Velociraptor* war mit Federn bedeckt.

Sciurumimus hatte einen langen, flauschigen Schwanz, mit dem er das Gleichgewicht hielt.

Flauschige Federn
An Fossilien des kleinen *Sciurumimus*, der einem Eichhörnchen ähnelte, kann man erkennen, dass der Körper mit einem daunenartigen Flaum bedeckt war. Man bezeichnet ihn als Protofedern. Wahrscheinlich hielten diese wie ein Fell die Körperwärme aufrecht.

EVOLUTION DER FEDERN

Federn haben sich wohl aus einfachen Strukturen entwickelt, die den Körper kleiner Dinos wärmten. Im Lauf der Zeit wurde ihr Aufbau komplizierter. Wie ein Reißverschluss verhakten sich schließlich die Strahlen miteinander und bildeten eine Fahne. Solche Federn ermöglichten das Fliegen.

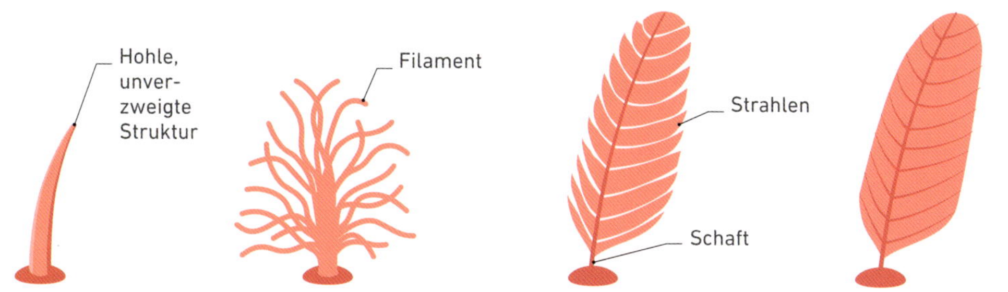

Protofedern
Die ursprünglichsten Federn waren hohl, biegsam und haarähnlich.

Daunenfedern
Flauschige Federn aus vielen Filamenten schützten besser vor Kälte.

Feder mit Fahne
An einem Schaft in der Mitte saßen viele Strahlen in Reihen.

Flugfeder
Häkchen an den Strahlen verhakten sich ineinander, sodass die Fahne stabil war.

Eroberung der Lüfte
Einige nahe Verwandte von *Velociraptor* hatten viel längere, befiederte Armschwingen. Die Forschung vermutet, dass sie fliegen konnten. Der berühmteste unter ihnen, *Archaeopteryx*, konnte aber wahrscheinlich keine weiten Strecken zurücklegen, denn er hatte keine kräftigen Flugmuskeln wie die heutigen Vögel.

Gute Flieger
Zum Ende des Dinosaurierzeitalters flogen viele Tiere am Himmel, die heutigen Vögeln ähnelten. Unter ihnen war *Ichthyornis*. Er sah aus wie eine Möwe mit Zähnen, hatte aber keinen so langen Schwanz. Mit seinen kräftigen Flugmuskeln war er ein guter Flieger.

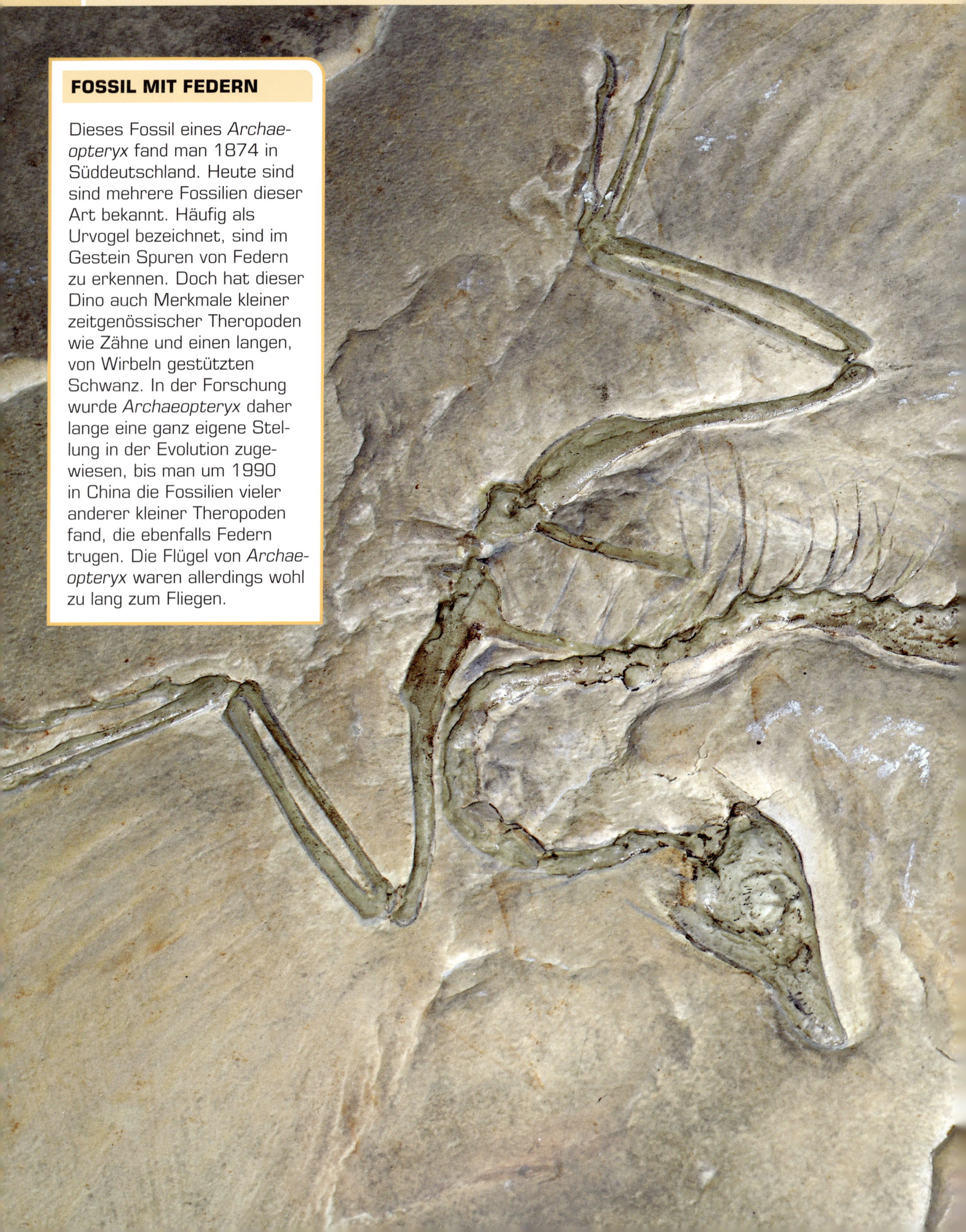

FOSSIL MIT FEDERN

Dieses Fossil eines *Archaeopteryx* fand man 1874 in Süddeutschland. Heute sind sind mehrere Fossilien dieser Art bekannt. Häufig als Urvogel bezeichnet, sind im Gestein Spuren von Federn zu erkennen. Doch hat dieser Dino auch Merkmale kleiner zeitgenössischer Theropoden wie Zähne und einen langen, von Wirbeln gestützten Schwanz. In der Forschung wurde *Archaeopteryx* daher lange eine ganz eigene Stellung in der Evolution zugewiesen, bis man um 1990 in China die Fossilien vieler anderer kleiner Theropoden fand, die ebenfalls Federn trugen. Die Flügel von *Archaeopteryx* waren allerdings wohl zu lang zum Fliegen.

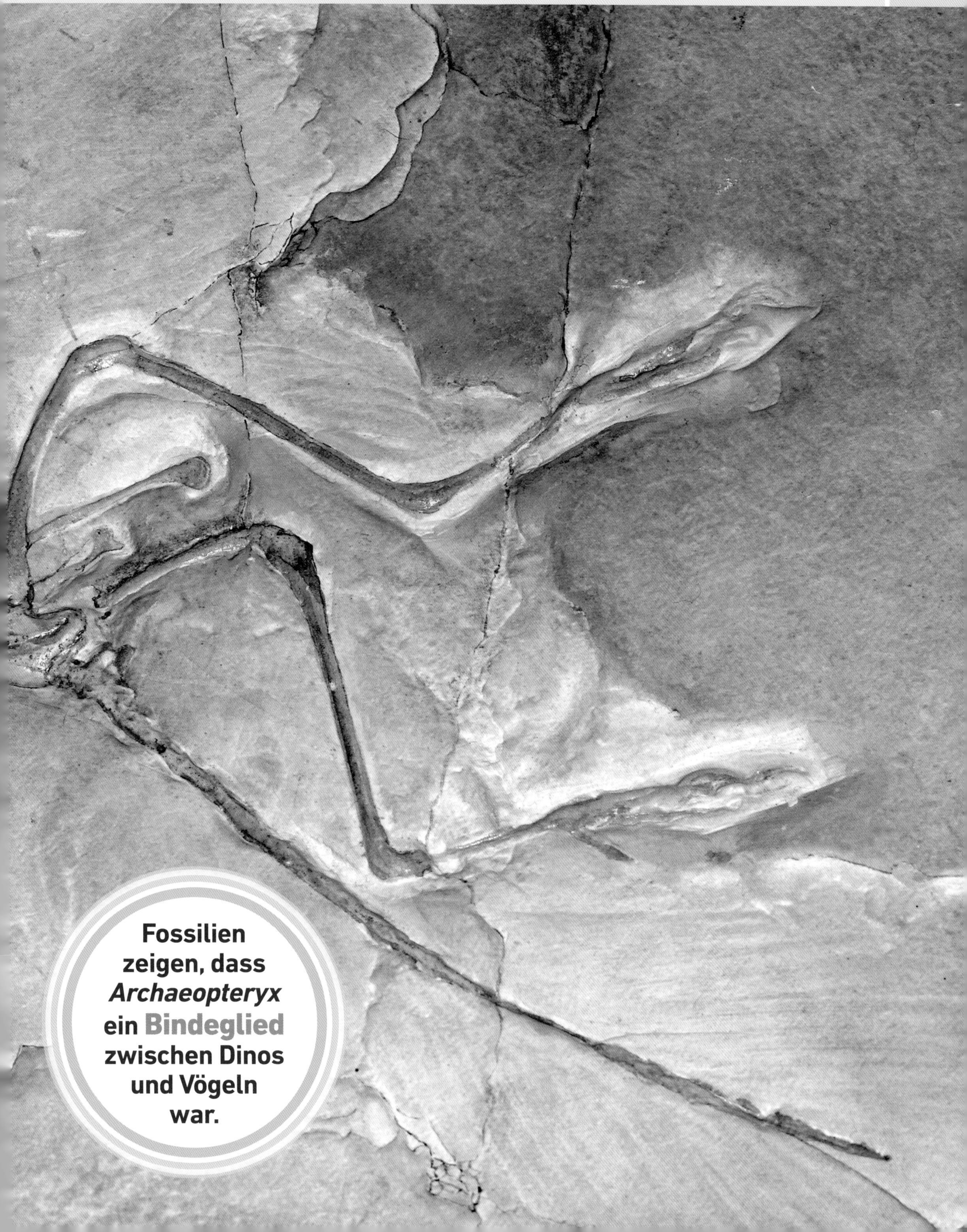

Fossilien zeigen, dass *Archaeopteryx* ein Bindeglied zwischen Dinos und Vögeln war.

INTERESSANT!

Die Flügelfedern vieler vogelähnlicher Dinosaurier waren vermutlich schwarz. Man weiß, dass schwarzer Farbstoff Federn stabiler macht. Versteinerte Federn von *Caihong*, die man 2014 in Nordchina fand, deuten an, dass sie schillerten wie das Gefieder heutiger Stare.

Die Färbung der heute lebenden Tiere hilft ihnen, zu überleben. Das galt wahrscheinlich auch für die Dinosaurier. Viele kleinere Arten hatten sicherlich eine Tarnfärbung, sodass ihre Feinde sie nicht leicht entdecken konnten. Die versteinerten Federn des kleinen Jägers *Sinosauropteryx* enthalten Strukturen, die darauf hinweisen, dass das Tier einen hellen Bauch und einen dunklen Rücken hatte wie ein heute lebendes Reh. Die Federn anderer Arten könnten viel bunter gewesen sein. Vielleicht ähnelten einige kleine Raubdinos den heutigen bunten Vögeln.

WELCHE FARBEN HATTEN DIE DINOSAURIER?

Die meisten Erkenntnisse über die Dinosaurier haben wir durch die Erforschung ihrer versteinerten Knochen gewonnen. Sie liefern uns allerdings keine Hinweise auf die Farben dieser Tiere. Weil die Dinos Reptilien waren, nahm man an, dass sie ähnlich gefärbt waren wie heute lebende Reptilien. Inzwischen weiß man, dass viele Dinos äußerst bunte Federn trugen. In einigen der versteinerten Federn sind sogar winzige Strukturen erhalten, die Hinweise auf ihre ursprünglichen Farben geben.

HINWEISE AUF DIE FARBEN

Einige versteinerte Federn enthalten die Überreste winziger Strukturen, die ihnen ihre Farben verliehen. Aus den Formen dieser Melanosomen kann man ableiten, welche Farbstoffe jeweils gebildet wurden – vorausgesetzt, die Form hat sich beim Prozess der Versteinerung nicht verändert.

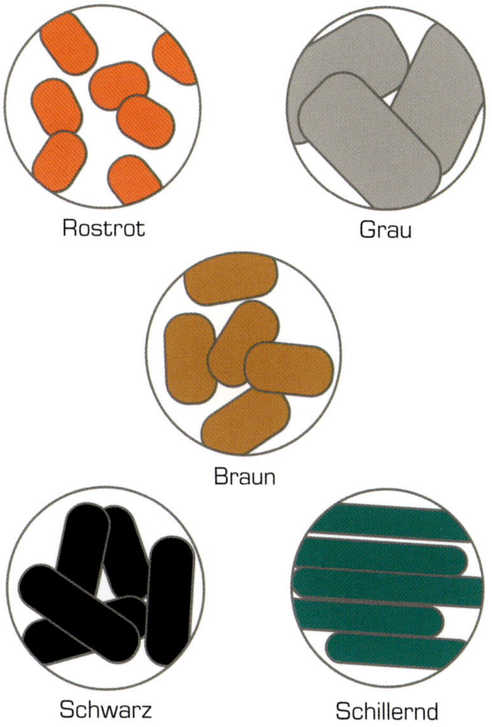

INTERESSANT!

2020 entdeckte man in einem Bernstein einen Schädel, der 99 Millionen Jahre alt ist. Man nannte ihn *Oculudentavis* und hielt ihn zunächst für den Schädel des kleinsten Dinos aller Zeiten. Als man ihn jedoch genauer untersuchte, stellte sich heraus, dass es der Schädel einer Eidechse war.

Um 1850 fand man das Skelett eines jungen *Compsognathus*, der so groß war wie ein Huhn. Es war der erste Beweis dafür, dass nicht alle Dinos riesig waren. Selbst ein ausgewachsener *Compsognathus* war nicht größer als ein Truthahn.

Ein Kolibri namens „Bienenelfe“ ist der kleinste Dinosaurier, den wir kennen.

Wie die meisten Vögel ist die Taube perfekt an das Fliegen angepasst.

WELCHER DINOSAURIER WAR DER KLEINSTE?

Die meisten Menschen stellen sich unter einem Dinosaurier ein riesiges Tier vor, unter dem der Boden bebte, wenn es vorüberstampfte. Allerdings waren viele der Dinosaurier, die zwischen den Beinen der Giganten umherliefen, nicht größer als eine Krähe oder Taube. Heute wissen wir, dass Krähen, Tauben und alle anderen Vögel direkte Nachfahren der Dinosaurier sind. Kleine Dinos fliegen also noch heute über unseren Köpfen umher, von den schwarzen Raben und bunten Singvögeln bis hin zu den schillernden Kolibris.

Die Bienenelfe schlägt 80-mal pro Sekunde mit den Flügeln.

ZARTE KNOCHEN

Die meisten versteinerten Dinosaurierknochen stammen von großwüchsigen Tieren, denn große Knochen bleiben eher erhalten. Wahrscheinlich waren Dinosaurier, die sogar noch kleiner waren als *Anchiornis*, ziemlich häufig, ähnlich wie die kleinen Vögel, die heute oft Schwärme bilden. Ihre Überreste sind jedoch meist verwest, bevor sie versteinern konnten. Nur an wenigen Fundstätten hat man Überreste sehr kleiner Dinos entdeckt.

Versteinertes Skelett von *Anchiornis*

Die Flügel von *Anchiornis* waren zu schwach für den aktiven Flug, aber vielleicht konnte er durch die Luft gleiten.

Die Bienenelfe, die auf Kuba vorkommt, wird nur 6 cm lang und 2 g schwer. Sie ist wahrscheinlich der kleinste Vogel aller Zeiten und somit auch der kleinste Dinosaurier. Bisher hat man noch keine Fossilien eines noch kleinwüchsigeren Dinos entdeckt. Einer der bekannten Dinos von geringer Körpergröße ist *Anchiornis*, ein taubengroßer gefiederter Jäger, der vor 160 Millionen Jahren in China lebte. Obwohl er einem Vogel ähnelte, konnte er wahrscheinlich nicht fliegen.

***Torosaurus* war das Landtier mit dem größten Schädel aller Zeiten.**

WELCHER DINOSAURIER HATTE DEN GRÖSSTEN KOPF?

Die Ceratopsier oder Horndinosaurier waren Pflanzenfresser, die Hörner trugen. Zu ihnen gehörte der elefantengroße *Triceratops*, der nach seinen drei langen Hörnern am mächtigen Schädel benannt ist. Der Schädel von *Torosaurus* war sogar noch größer. Er hatte einen besonders langen Nackenschild. Einige Forscher und Forscherinnen sind der Meinung, dass es sich dabei um einen älteren *Triceratops* handelt. Andere vermuten, dass es zwei Arten waren, die zur selben Zeit am selben Ort lebten.

***Torosaurus* wurde** 9 m lang und wog etwa 9 t. Er bewegte sich langsam und war eine verlockende Beute für große Räuber wie *Tyrannosaurus*, der zur selben Zeit lebte. *Torosaurus* hatte einen massiven Schädel und war fast 3 m hoch. Sein Nackenschild diente womöglich dazu, Weibchen zu beeindrucken, und mit den langen, spitzen Hörnern über den Augen konnte er Feinde abwehren.

AUFFÄLLIGER KRAGEN

Einige heute lebende Tiere tragen ähnlich auffällige Gebilde am Hals. Die Kragenechse, die in Australien und Neuguinea vorkommt, spreizt bei Gefahr ihren Hautkragen ab, stellt sich auf ihre Hinterbeine und sperrt ihr Maul weit auf. So sieht sie viel größer aus, als sie ist, und wirkt auf ihre Feinde abschreckend.

Die Kragenechse zischt, wenn sie ihr Maul aufreißt.

Die **Hörner** waren etwa 1,2 m lang – ungefähr so groß ist ein 12-jähriges Kind.

RIESE MIT NACKENSCHILD

Torosaurus war ein riesiges, beeindruckendes Tier. Mit seinem Nackenschild wehrte er sicherlich auch *Tyrannosaurus* ab, der im selben Gebiet lebte, oder setzte ihn bei der Balz ein. Womöglich war der Nackenschild bunt gefärbt und gemustert und somit noch auffälliger. Vielleicht imponierte der Dinosaurier damit den Weibchen und Rivalen – ähnlich wie ein heutiger Hirsch mit seinem Geweih. Die Tiere mit den größten und buntesten Nackenschilden hatten vermutlich die meisten Nachkommen.

LEBTEN MANCHE DINOS IN EINEM ERDBAU?

Viele heute lebende Tiere, unter ihnen Säugetiere, Reptilien und auch einige Vögel, ziehen sich gern in einen unterirdischen Bau zurück und bekommen dort ihre Jungen. Vom Pflanzenfresser *Oryctodromeus* wissen wir, dass er es ebenso handhabte. 2007 entdeckte man die versteinerten Überreste von drei Tieren in einem Bau, den sie wahrscheinlich selbst gegraben hatten. Andere Dinos taten es ihnen wahrscheinlich gleich, aber es liegen noch keine Beweise dafür vor.

VÖGEL, DIE ZUM BRÜTEN HÖHLEN GRABEN

Der Bau, den *Oryctodromeus* grub, war ähnlich wie der einiger Vögel, die in Erdhöhlen nisten. Dort sind die Eier und Küken vor Fressfeinden relativ sicher. Ein Bau bietet außerdem Schutz vor schlechtem Wetter und Hitze, denn im Inneren ist die Luft feuchter und die Temperatur verändert sich nicht.

Papageitaucher

Papageitaucher leben auf dem Meer und kommen nur an Land, um dort zu brüten. Einige ziehen in die Baue von Kaninchen ein. Andere graben mit dem Schnabel und den Krallen an den Füßen eigene Erdhöhlen, die sie mit Gras und Federn auspolstern, ähnlich wie einst *Oryctodromeus*.

Kaninchenkauz

Der amerikanische Kaninchenkauz lebt in trockenen Gegenden, in denen es kaum Bäume gibt. Er nistet in einem unterirdischen Bau. Meistens übernimmt er denjenigen eines anderen Tiers, aber manchmal gräbt er selbst einen. Wenn ein Feind versucht einzudringen, zischt und rasselt der Vogel wie eine Giftschlange.

Wenn es Zeit wurde, die Eltern zu verlassen, grub ein junger *Oryctodromeus* seinen eigenen Bau oder zog in einen verlassenen Bau ein.

Der Bau, in dem man die Fossilien von *Oryctodromeus* fand, war etwa so breit wie ein erwachsener Dino. Das lässt vermuten, dass *Oryctodromeus* den Bau selbst gegraben hat. Zwei Junge wurden neben einem erwachsenen Tier im Bau versteinert. Wahrscheinlich waren sie in einer unterirdischen Kammer aus ihren Eiern geschlüpft.

Interessant!

ERDGESCHICHTSUHR

Es ist schwer, sich ein Bild davon zu machen, vor wie langer Zeit die Dinos lebten: Stell dir vor, die gesamte Erdgeschichte würde 24 Stunden dauern. Jede Sekunde stünde dann für 5000 Jahre.

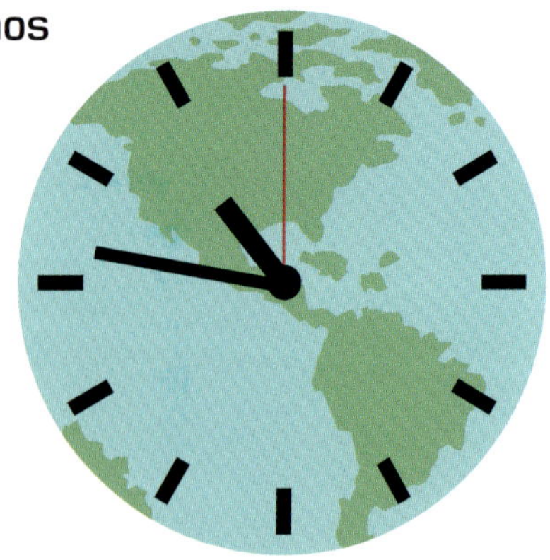

00:00 Uhr
Um Mitternacht bildet sich die Erde aus einer riesigen Wolke aus Staub und Gas.

04:26 Uhr
Am Meeresgrund entwickeln sich die ersten einfachen Lebewesen.

21:08 Uhr
In den Meeren treten viele neuartige Tiere in Erscheinung.

21:30 Uhr
Erste Pflanzen besiedeln das Land. Sie ähneln heutigen Moosen.

22:47 Uhr
Erste Dinosaurier tauchen an Land auf.

6 sek. vor 24:00 Uhr
Unsere Art, *Homo sapiens*, entwickelt sich in Afrika.

SELTSAM, ABER WAHR

▲ *Pegomastax*
Dieser Pflanzenfresser war nicht größer als eine Hauskatze. Er hatte einen Papageienschnabel, riesige Eckzähne und Stacheln wie ein Stachelschwein. Er lebte im Jura im südlichen Afrika.

▶ *Yi qi*
Yi qi erinnerte an eine Fledermaus. Mit seinen ausgebreiteten Flughäuten konnte der Dino wie ein Gleithörnchen von Baum zu Baum gleiten. Er hatte spitze Krallen an den Zehen und am Flügelbug.

▶ *Linhenykus*
Dieses merkwürdige Tier ist der einzige Dino mit nur einem Finger. Er war so groß wie ein kleiner Hund und lebte in der späten Kreidezeit. Vielleicht holte er mit seiner Fingerkralle Ameisen und Termiten aus ihren Nestern.

DINO-NAHRUNG

▲ Fleischfresser

Diese Dinos erbeuteten andere Tiere, auch andere Dinos. Es gab sie in verschiedenen Größen, vom katzengroßen *Microraptor* bis zum *Gigantosaurus* in der Größe eines Busses.

▲ Pflanzenfresser

Diese Dinos ernährten sich von Blättern, Gräsern und Samen. Sie mussten den ganzen Tag lang fressen, anders als Fleischfresser, denen eine Mahlzeit genügte.

▲ Allesfresser

Einige Dinosaurier mochten Pflanzen ebebso wie Fleisch. Auf ihrer Speisekarte standen z. B. Insekten, Eidechsen, Pflanzen und auch andere Dinosaurier.

AUF WANDERSCHAFT

Wie viele heutige Vögel und einige Säugetiere machten auch pflanzenfressende Dinos weite Wanderungen, wenn das Futter knapp wurde.

Camarasaurus wanderte im späten Jura in Nordamerika bis zu 300 km weit, während er auf der Suche nach Nahrung und Wasser war.

In der späten Kreidezeit zog ***Pachyrhinosaurus*** von Alberta (Kanada) 3500 km weit bis in die Arktis, wo er im Sommer viel Nahrung fand. Setzte der arktische Winter ein, zog er wieder in den Süden.

SCHUTZ UND VERTEIDIGUNG

Dinosaurier entwickelten während des Mesozoikums alle möglichen Körpermerkmale, um gut geschützt zu sein.

▶ Dickkopf

Das Schädeldach von ***Pachycephalosaurus*** war 20-mal so dick wie bei anderen Dinos. Vielleicht rammten Rivalen im Kampf ihre Köpfe gegeneinander.

▶ Schwanzkeule

Am Schwanzende von ***Euoplocephalus*** saß eine große Knochenkeule. Mit ihr konnte er einem Angreifer sogar das Bein brechen.

▶ Tarnung

Der in China heimische Dinosaurier ***Psittacosaurus*** war am Bauch hell und am Rücken dunkler gefärbt. So war er im Wald gut getarnt, ähnlich wie heute Hirsche und Rehe.

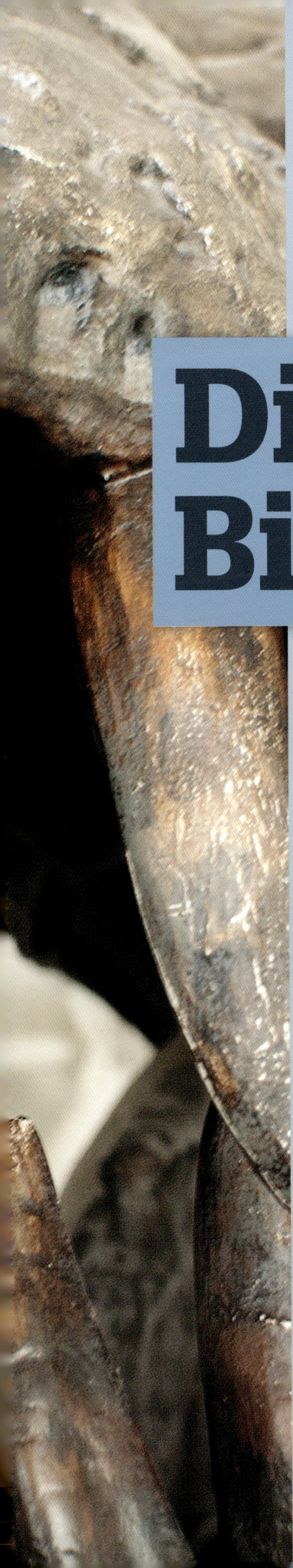

Dinosaurier-Biologie

Die meisten Fossilien der ausgestorbenen Dinosaurier sind versteinerte Knochen und Zähne. Sie verraten uns viel darüber, wie der Körper aussah und funktionierte, was das Tier fraß, wie es gelebt hat und wie und woran es gestorben ist.

Die riesigen, kräftigen Zähne und Kiefer von *Tyrannosaurus* verraten, dass er der gewaltigste Raubsaurier aller Zeiten war. Nur sehr schnelle oder gut gepanzerte Tiere hatten eine Überlebenschance, wenn er angriff.

An den Fossilien kann man erkennen, dass Dinosaurier kräftige Muskeln hatten. Die inneren Organe ähnelten denen heutiger Vögel und viele Dinos trugen Federn. Einige, wie dieser *Tyrannosaurus*, waren Jäger. Sie besaßen kräftige Kiefer und Zähne, mit denen sie töten konnten. Dabei erbeuteten sie andere Dinos, die Pflanzen fraßen.

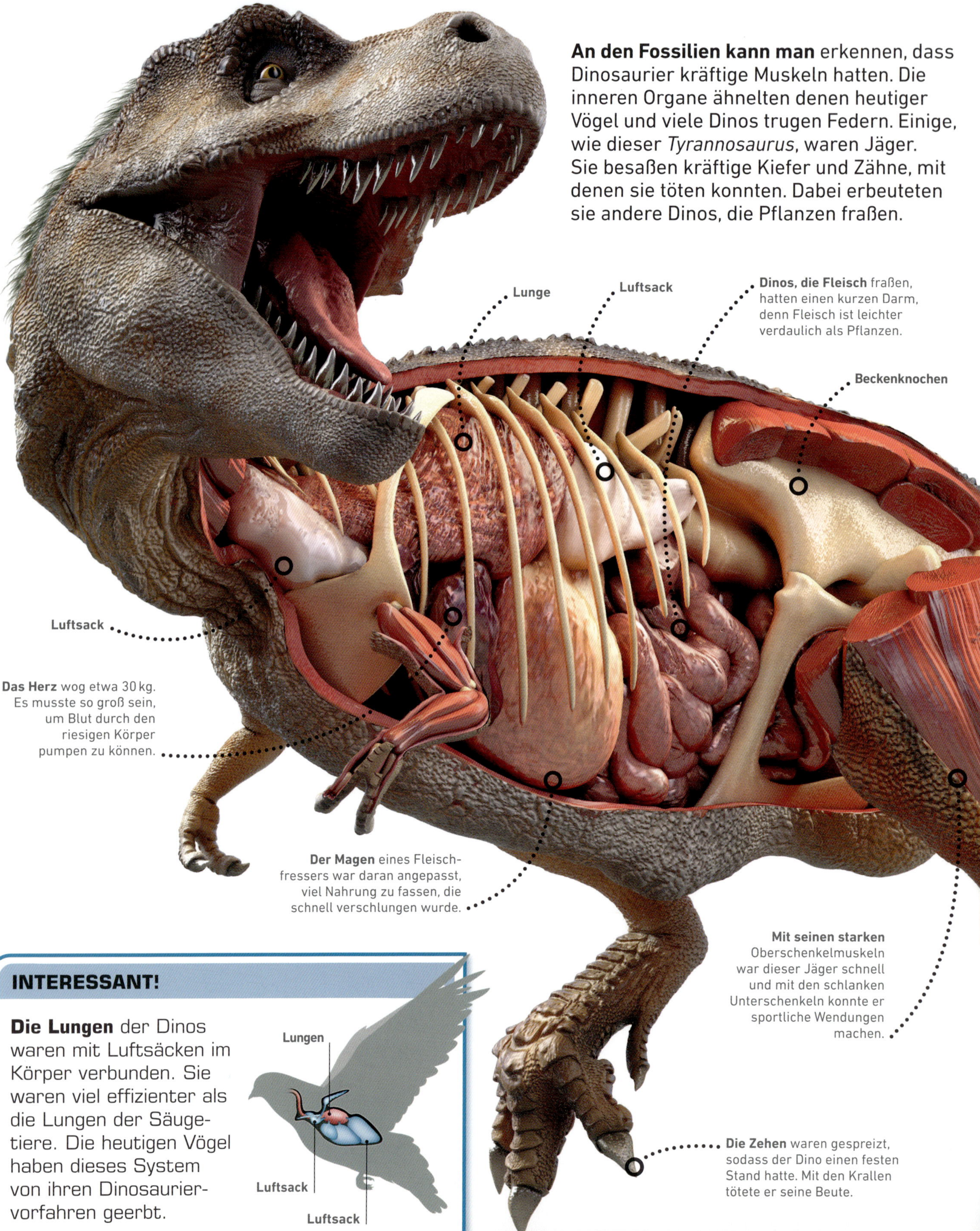

INTERESSANT!

Die Lungen der Dinos waren mit Luftsäcken im Körper verbunden. Sie waren viel effizienter als die Lungen der Säugetiere. Die heutigen Vögel haben dieses System von ihren Dinosauriervorfahren geerbt.

IM INNEREN EINES PFLANZENFRESSERS

Viele Dinosaurier fraßen Farne, zähe Bestandteile von Nadelbäumen und andere Pflanzen. Weil diese schwer verdaulich waren, hatten Pflanzenfresser umfangreichere Verdauungssysteme als Fleischfresser. Die größten Dinos liefen auf allen vier Beinen. Andere, wie dieser *Iguanodon*, hatten kräftige Vorderbeine, auf denen sie sich abstützen konnten, wenn es notwendig war.

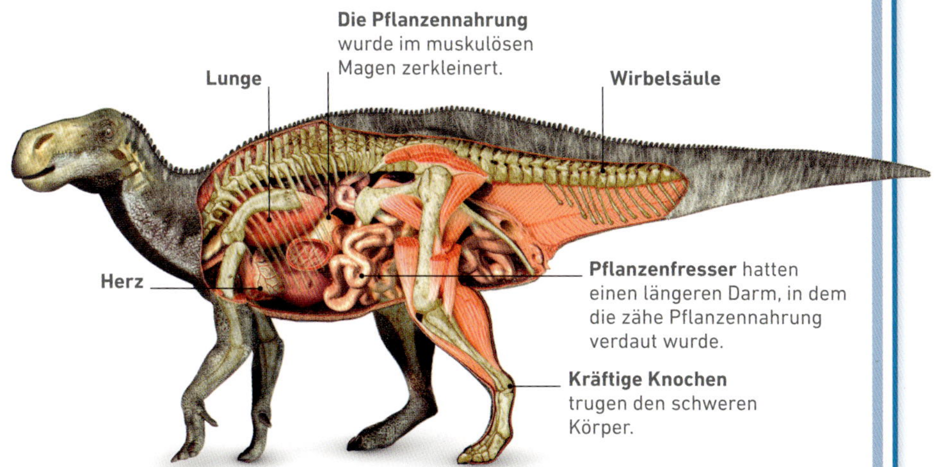

WIE SAH ES IN EINEM **DINO AUS?**

Die Tiergruppe der Dinosaurier war sehr vielfältig. Einige wurden nicht größer als heute lebende Vögel, andere hätten einen Elefanten deutlich überragt. Obwohl auch sie Reptilien waren, unterschieden sie sich sehr von ihren heutigen Verwandten. Versteinerte Knochen und Zähne sowie sehr seltene Versteinerungen von Haut und Federn sind die einzigen Beweise für das Vorkommen dieser spektakulären Tiere in der Urzeit. Anhand der Fossilien konnte die Wissenschaft viel über die Beschaffenheit ihrer Körper und inneren Organe herausfinden.

***Patagotitan* wog bis zu 70 t** und war einer der größten Titanosaurier, die man bisher kennt. Er gelangte mit seinem unglaublich langen Hals in die Kronen der Bäume, wo er tagein, tagaus Blätter fraß. An einem einzigen Tag verspeiste das Schwergewicht mindestens 250 kg Pflanzen.

***Patagotitan* musste jeden Tag eine Menge fressen, um genügend Nährstoffe zu bekommen.**

Wie mit einer Schere zwickte der Dino Blätter von den Bäumen und schlang sie herunter.

WELCHE MENGEN FRASS PATAGOTITAN?

Dieses riesige Tier gehörte zu einer Gruppe von Pflanzenfressern, die man Titanosaurier nennt, das bedeutet „Titanen-Echsen". *Patagotitan* war so lang wie drei Busse hintereinander und wog so viel wie 15 Afrikanische Elefanten. Er streifte in der späten Kreidezeit in in den trockenen Ebenen Argentiniens umher, immer auf der Suche nach nahrhaften Pflanzen.

INTERESSANT!

2008 suchte ein Farmer in Patagonien im südlichen Argentinien nach seinen Schafen. Plötzlich sah er etwas aus dem Boden ragen. Es war der 2,4 m lange Oberschenkelknochen eines *Patagotitan*.

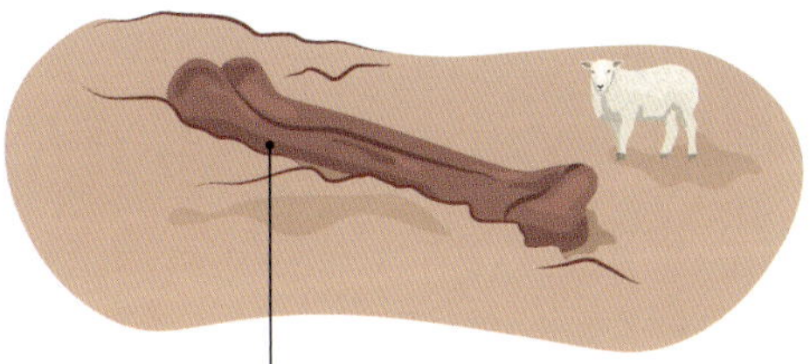

Im Lauf der Jahrmillionen hatten Wind und Regen das Gestein abgetragen, in dem der Knochen eingebettet war.

Die Nahrung blieb ungefähr elf Tage im Magen eines Titanosauriers. Bakterien in seinem Darm trugen dazu bei, die zähen Pflanzenteile zu verdauen und die Nährstoffe aufzunehmen.

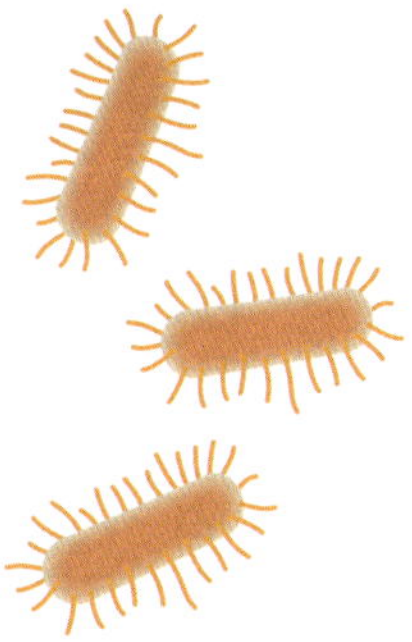

WIE VIEL BLUT KONNTE EIN SAUROPODEN-HERZ PUMPEN?

Das Herz eines Dinosauriers schlug unermüdlich, egal, ob es dem kleinen Insektenfresser *Anchiornis* oder dem riesigen Sauropoden *Argentinosaurus* gehörte. Aber je größer der Dino war, desto größer musste dieses lebenswichtige Organ sein. Ein versteinertes Sauropodenherz hat man bisher nicht entdeckt, deshalb orientiert sich die Wissenschaft an den Herzen heute lebender Tiere, um herauszufinden, wie Dinosaurierherzen beschaffen waren.

EINE MÄCHTIGE PUMPE

Krokodile und Vögel sind Verwandte der Dinosaurier. Ihre Herzen haben vier Kammern, deshalb ist es wahrscheinlich, das die Sauropodenherzen ähnlich aufgebaut waren. Die linke und die rechte Herzhälfte schlugen gleichzeitig, um das Blut in den Körper und wieder in die Lungen zu pumpen, wo es neuen Sauerstoff aufnahm.

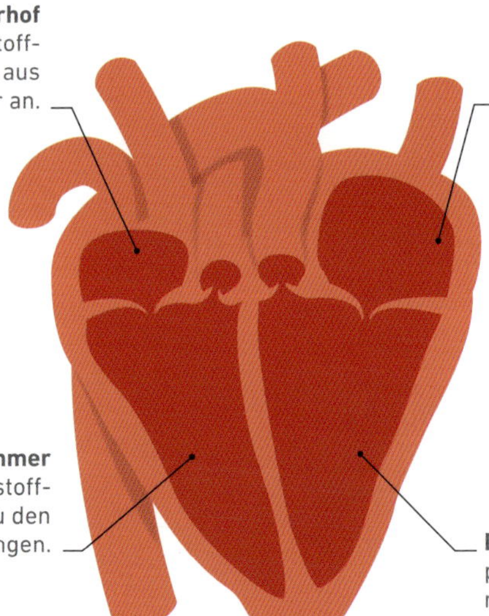

Mit jedem Herzschlag pumpte das größte Sauropodenherz etwa 90 l Blut.

Die Wissenschaft schätzt, dass das Herz von *Patagotitan* alle fünf Sekunden schlug, also 12-mal pro Minute. Das Herz muss riesig gewesen sein, denn es musste das Blut in den gewaltigen Körper pumpen.

INTERESSANT!

Tintenfische haben drei Herzen. Das Hauptherz pumpt Blut durch den Körper, während die anderen beiden es durch die Kiemen pumpen. Das Blut dieser Weichtiere ist blau.

Einige Skinks auf der Insel Papua-Neuguinea haben grünes Blut. Deshalb sind auch ihr Herz, ihre Muskeln, die Knochen und die Zunge grün.

Bei Giraffen hat die linke Herzkammer sehr muskulöse Wände, denn sie muss das Blut den langen Hals hinauf bis zum Gehirn pumpen, sodass den Tieren nicht schwindlig wird.

WER WAR DER SCHNELLSTE DINOSAURIER?

Die Ornithomimiden oder „Vogel-Nachahmer“ waren gefiederte Theropoden mit zahnlosen Schnäbeln. Die ersten entwickelten sich in der frühen Kreidezeit in Nordamerika und Asien. Sie waren viel größer als die heutigen Strauße und konnten andere Dinosaurier mit Leichtigkeit abhängen. Schwer gepanzerte Dinos wie *Stegosaurus* dagegen trabten etwa so schnell wie ein Mensch beim Jogging.

***Ornithomimus* war der schnellste Dino und hätte ein Rennpferd überholen können.**

INTERESSANT!

Gallimimus war der größte und schwerste Ornithomimiden. Er wog 440 kg, ungefähr so viel wie ein großes Klavier.

Mit dem langen Schwanz hielt das Tier das Gleichgewicht, wenn es rannte.

Der schnellste Vogel der Erde ist heute der Afrikanische Strauß. Wenn er vor einem Feind flieht, erreicht er 70 km/h. Treibt man ihn in die Enge, schlägt er mit seinen kräftigen Beinen aus.

Der Strauß kann eine Raubkatze mit einem einzigen Tritt töten.

Mit ihren leichten Körpern, den langen Hinterbeinen und den kräftigen Beinmuskeln waren die Ornithomimiden an schnelles Rennen angepasst. Der schnellste war *Ornithomimus*, der etwa 3,5 m lang und somit einer der kleinsten „Vogel-Nachahmer" war. Bei diesen gefiederten Dinos gruben sich die Zehen beim Rennen in den Boden, so ähnlich wie die Stacheln von Sportschuhen. Sie mussten ihren Hauptfeinden, den Tyrannosauriern, davonlaufen.

Die langen Beine waren schlank, ähnlich wie bei heutigen Tieren, die schnell laufen können.

Man schätzt, dass *Ornithomimus* eine Spitzengeschwindigkeit von 80 km/h erreichte.

WELCHER DINO HATTE DEN **LÄNGSTEN SCHWANZ?**

***Diplodocus* war ein Sauropode** und eines der größten Tiere aller Zeiten. Er hatte einen langen, peitschenartigen Schwanz, mit dem er das Gleichgewicht hielt. Da sich dieser kolossale Pflanzenfresser nicht sehr schnell fortbewegte und höchstens 15 Stundenkilometer erreichte, könnte er den Schwanz auch zur Verteidigung eingesetzt und nach Tieren geschlagen haben, die ihm zu Nahe kamen. Der Schwanz war etwa 14 Meter lang (so lang wie ein kleines Düsenflugzeug) und somit der längste bisher bekannte Schwanz.

Kein Tier hatte einen längeren Schwanz als *Diplodocus*.

Diplodocus hielt den Schwanz als Gegengewicht zu seinem langen Hals waagerecht erhoben.

INTERESSANT!

2016 fand man einen 99 Millionen Jahre alten Dino-Schwanz mit Federn, eingeschlossen in Bernstein. Er gehörte einem Coelurosaurier, einem fleischfressenden Dinosaurier, der so groß war wie ein Spatz.

Die Schwanzfedern waren braun.

Der Pflanzenfresser *Stegouros* aus der späten Kreide hatte eine gefährliche Waffe: einen kurzen Schwanz mit weniger Schwanzwirbeln als andere Ankylosaurier, aber mit einer gefährlichen Knochenkeule.

Der wehrhafte Schwanz war mit flachen Knochenplatten besetzt.

Shunosaurus, ein langsamer Sauropode aus dem Jura, dessen Knochen man in China fand, besaß als effektive Waffe eine Knochenkeule, aus der kleine Stacheln ragten.

Die Schwanzstacheln waren in Haut eingebettete Knochen.

An seinen Fossilien erkennt man, dass *Diplodocus* eine Reihe dünner Knochenstacheln an Hals, Rücken und Schwanz trug.

Der enorm lange Schwanz von *Diplodocus* wurde von mehr als 80 Knochen gestützt. Diese waren kürzer als die Halswirbel, weshalb der Schwanz beweglicher war. Da er am Ende spitz zulief, erzeugte *Diplodocus* mit ihm wie mit einer Peitsche einen Knall, der die Schallgrenze durchbrechen konnte.

Diplodocus hatte **356 Knochen**, ein erwachsener Mensch hingegen hat nur 206.

DIPPY

Dieses 26 m lange Skelett eines *Diplodocus* namens „Dippy“ ist seit 100 Jahren im Natural History Museum in London (England) ausgestellt und damit eines der bekanntesten Dinosaurierskelette. Es besteht aus Abgüssen der Originalfossilien, die man 1898 in Wyoming (USA) entdeckt hat. Ursprünglich lag der lange Schwanz der Rekonstruktion auf dem Boden, aber wir wissen heute, dass *Dipplodocus* ihn als Gegengewicht zu seinem langen Hals waagerecht erhoben trug.

Kein anderes Landtier konnte mit solcher Kraft zubeißen wie *Tyrannosaurus*.

WELCHER DINOSAURIER BISS AM **KRAFTVOLLSTEN ZU?**

Tyrannosaurus war einer der gefährlichsten Räuber, die jemals auf der Erde lebten. Er streifte zum Ende des Mesozoikums in Nordamerika über Ebenen und durch Wälder, immer auf der Suche nach seinem nächsten Opfer. Seine riesigen Krallen waren tödliche Waffen und auch die Zähne waren gigantisch groß. Dieser Räuber konnte fast jedes Beutetier töten, das ihm begegnete.

Der muskulöse Schwanz bot ein Gegengewicht zum schweren Kopf.

Obwohl einige andere Fleischfresser fast genauso groß wie *Tyrannosaurus* waren, konnte keiner so kraftvoll zubeißen wie dieser Dino. Er hatte unglaublich starke Kiefer- und Nackenmuskeln und konnte auch Knochen zermalmen. Er hätte sogar einen Kleinwagen zerbeißen können.

MÄCHTIGE KIEFER

Weil gewaltige Muskeln seine Kiefer bewegten, konnte *Tyrannosaurus* mit unglaublicher Kraft zubeißen. Er zerteilte Fleisch und Knochen. Wenn er ein Stück aus seiner Beute riss, verschlang er es im Ganzen.

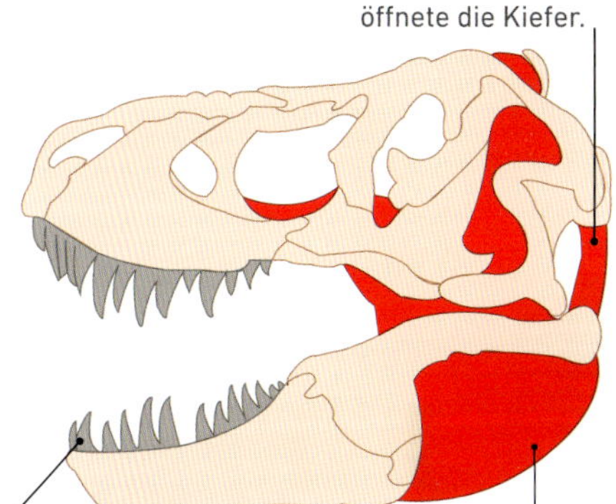

INTERESSANT!

Die Untersuchung von Kieferknochen und Muskeln zeigt uns, mit welcher Kraft die Tiere zugebissen haben. Heute weiß man, dass ein Weißer Hai mit etwa 18 000 Newton zubeißt, kräftiger als alle anderen Tiere. *Tyrannosaurus* konnte jedoch mit 35 000 bis 60 000 Newton zubeißen, also mit mehr als der doppelten Beißkraft.

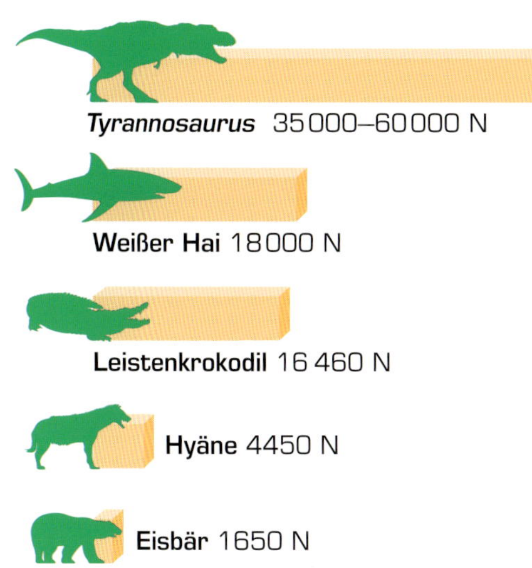

N = Newton

WELCHER DINO HATTE DIE LÄNGSTEN ZÄHNE?

Dinosaurierzähne gibt es in vielen Formen und Größen. Wenn man sie genauer untersucht, kann man herausfinden, was und wie die Tiere gefressen haben. Dinosaurier mit scharfen gekrümmten und gesägten Zähnen sind typische Fleischfresser. *Tyrannosaurus* hatte die längsten Zähne. In seinen Kiefern saßen viele bananengroße Beißwerkzeuge, mit denen er Knochen zermalmen konnte.

INTERESSANT!

Deinocheirus

Fleischfresser hatten spitze, klingenförmige Zähne. Pflanzenfresser besaßen abgeflachte Beißwerkzeuge, mit denen sie zähe Pflanzenteile zerkleinerten. Einige, wie *Deinocheirus*, hatten einen Schnabel ohne Zähne.

Bei heutigen Krokodilen wachsen wie bei den fleischfressenden Dinos neue Zähne nach, wenn die alten ausfallen. Ein Krokodil bekommt im Lauf seines Lebens ca. 3000 neue Zähne.

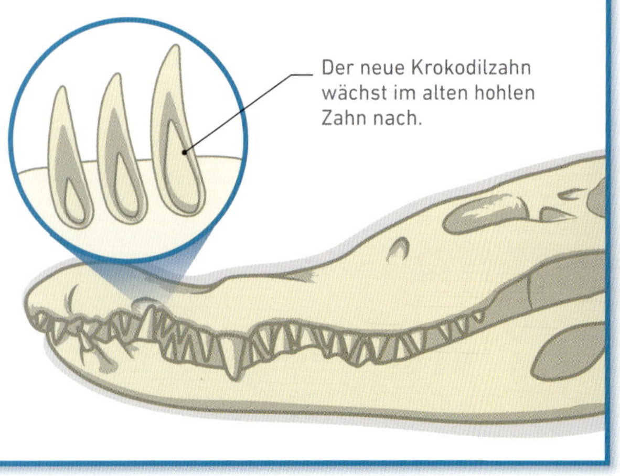

***Tyrannosaurus* hatte die längsten Zähne.**

In den mächtigen Kiefern von *Tyrannosaurus* saßen riesige, unterschiedlich große Zähne. Die längsten waren 20 cm lang, spitz und an den Rändern gesägt. Mit ihnen konnte der Dino Haut und Muskeln durchtrennen. Weil sie tief verwurzelt waren, waren sie so stabil, dass er auch Knochen zermalmen konnte.

RÄUBER UND BEUTE

Mit seinen spezialisierten Zähnen konnte *Tyrannosaurus* alle Beutetiere angreifen, auch *Triceratops,* den größten Horndinosaurier. Man hat mehrere versteinerte Knochen von *Triceratops* mit Bissspuren von *Tyrannosaurus* gefunden. Auch in einigen versteinerten Nackenschilden sind Bissspuren zu erkennen. Sie lassen darauf schließen, dass es *Tyrannosaurus* auf die großen, nahrhaften Nackenmuskeln von *Triceratops* abgesehen hatte.

Triceratops und *Tyrannosaurus*

WELCHER DINO HATTE DIE MEISTEN ZÄHNE?

Wie viele Zähne im Kiefer sitzen, ist bei jeder Dino-Art unterschiedlich. Die Dinosaurier mit den effizientesten Zähnen waren die „Entenschnabeldinosaurier“ oder Hadrosaurier wie *Edmontosaurus,* deren Schnäbel ähnlich aussahen wie jene von Enten. Die Hadrosaurier, eine sehr erfolgreiche Gruppe pflanzenfressender Dinos, lebten in der Kreidezeit. Sie hatten viel mehr und komplizierter gebaute Zähne als alle heute lebenden Pflanzenfresser.

Ein Hadrosaurier hatte 30-mal so viele Zähne wie ein Mensch.

INTERESSANT!

Bei Haien stehen die Zähne in mehreren Reihen im Kiefer und abgenutzte werden ständig durch neue ersetzt. Im Lauf des Lebens sind es bis zu 30 000 Zähne!

Im Maul des Walhais sitzen sehr kleine Zähne in 300 Reihen. Auch am Körper trägt dieser Hai zahnähnliche Strukturen, die den Wasserwiderstand verringern.

Das Riesengürteltier ist das Säugetier mit den meisten Zähnen – bis zu 100 Stück sitzen in seinen Kiefern.

Erwachsene Menschen haben 32 Zähne. Ein Hadrosaurier besaß mit bis zu 1000 kleinen Zähnen mehr als 30-mal so viele. Diese waren sehr kompliziert aufgebaut und bestanden aus sechs verschiedenen Gewebetypen. Die der heutigen Pferde und Kühe bestehen aus nur vier Gewebetypen.

PFLANZENTEILE ZERKLEINERN

Die Zähne der Hadrosaurier bildeten Zahnbatterien aus Hunderten in Reihen übereinander angeordneten Zähnen. Wenn die oberen Zähne abgenutzt waren, wurden sie durch die darunterliegenden ersetzt. Mit diesen Zahnbatterien konnten die Dinosaurier zähe Pflanzen zu einem Brei zermalmen.

Zahnbatterie eines Hadrosauriers

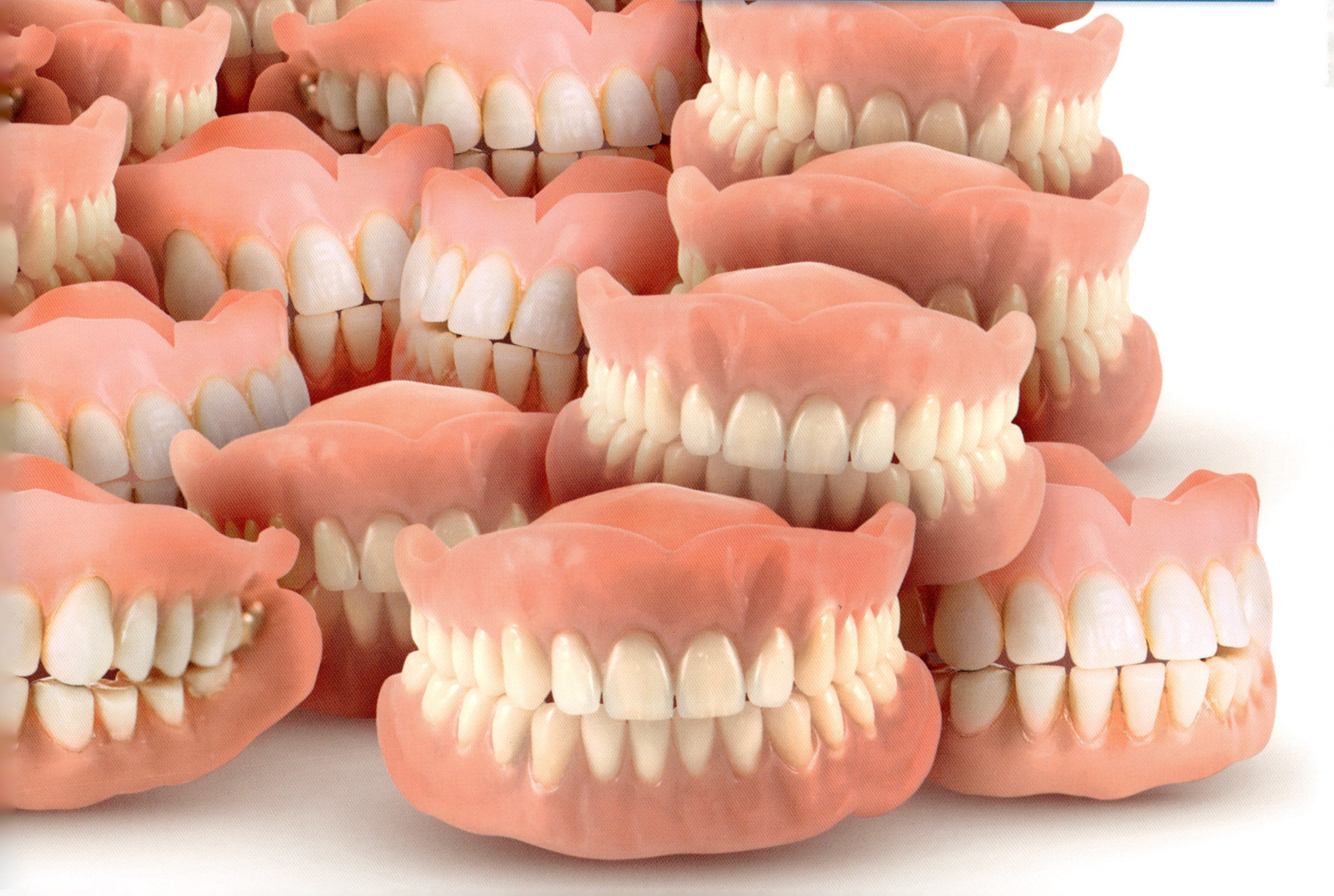

Therizinosaurus hatte die längsten Krallen aller Zeiten.

***Therizinosaurus* war so** hoch wie eine Giraffe und kein anderes Tier jemals hatte so lange Krallen wie er. Die längste umfasste ungefähr 50 cm und war länger als eine moderne Hauskatze. Der Dino pflückte mit seinen Krallen Pflanzenteile ab und nutzte sie auch zur Verteidigung. Er hatte kurze Beine und konnte seinen Feinden wahrscheinlich nicht davonlaufen.

WELCHER DINO HATTE DIE LÄNGSTEN KRALLEN?

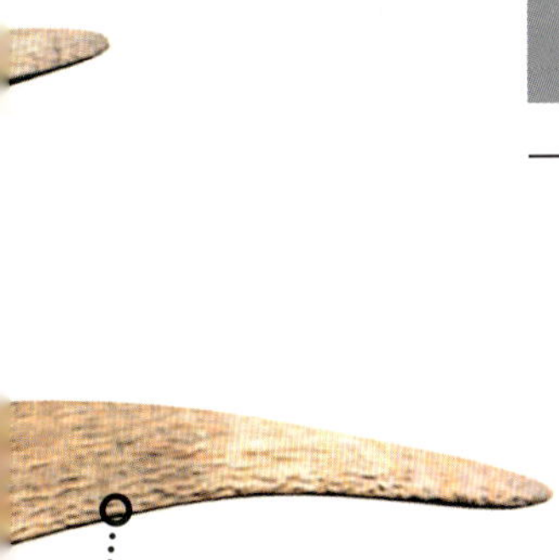

Eine der Krallen war länger als die restlichen.

Dinosaurierkrallen verraten viel über das Leben der Tiere. Während Pflanzenfresser kurze Nägel oder Hufe besaßen, die ihre Finger und Zehen schützten, trugen die meisten Fleischfresser tödliche Krallen an Fingern und Zehen. Raubsaurier packten ihr Opfer wie mit einem Enterhaken, bevor sie Fleischstücke aus ihm rissen. Der ungewöhnliche Theropode *Therizinosaurus* war ein Pflanzenfresser. Mit seinen riesigen sichelförmigen Krallen streifte er Blätter von Zweigen.

Katzen können ihre Krallen einziehen. So bleiben sie scharf, wenn die Tiere nicht jagen oder auf Bäume klettern.

INTERESSANT!

Versteinerte Daumenkralle von *Apatosaurus*

Der riesige Pflanzenfresser *Apatosaurus* hatte an jeder Hand eine große Daumenkralle. Das knöcherne Werkzeug war ungefähr 30 cm lang. Mit ihr konnte er Gruben für seine Eier graben.

Die Fingerkrallen waren so lang wie Bananen.

Deinocheirus, ein Verwandter von *Therizinosaurus*, lebte vor 70 Mio. Jahren. Seine Arme waren bis 2,4 m lang, länger als die aller anderen Theropoden. An den drei Fingern jeder Hand saßen stumpfe Krallen, mit denen er Pflanzenteile abrupfte.

Die Kralle war sehr spitz.

Baryonyx jagte seine Beute an Land und im Wasser. Mit seinen gekrümmten Daumenkrallen konnte er Fische aus dem Wasser angeln. So fand man neben Fossilien von *Baryonyx* auch solche von Fischen und Dinosaurierjungen.

PFLANZENFRESSER

Mit seinem langen Hals, dem rundlichen Körper und den riesigen Krallen sah *Therizinosaurus* sehr seltsam aus. Weil man zunächst nur ein paar versteinerte Knochen gefunden hatte, konnten sich die Forscher und Forscherinnen nicht einigen, um welches Tier es sich handelte. Heute wissen wir, dass *Therizinosaurus* ein Theropode war und somit zur selben Gruppe wie die Fleischfresser *Tyrannosaurus* und *Velociraptor* gehörte. Allerdings war *Therizinosaurus* ein Pflanzenfresser.

Therizinosaurus war der größte der Maniraptoren, einer Gruppe langarmiger Theropoden.

WIE JAGTEN DIE DINOSAURIER?

Unter den fleischfressenden Dinosauriern waren kleine, vogelähnliche Tiere sowie furchterregende Riesen wie *Tyrannosaurus*. Sie alle liefen auf ihren Hinterbeinen, wenn sie ihre Beutetiere verfolgten, und packten sie dann mit den Krallen oder Zähnen. Die meisten der erbeuteten Tiere waren kleiner als die Jäger, aber einige Raubsaurier konnten sogar riesige Pflanzenfresser töten. Manche schlossen sich wahrscheinlich zu Rudeln zusammen, um Tiere zu überwältigen, die ein einzelner Räuber nicht erlegen konnten.

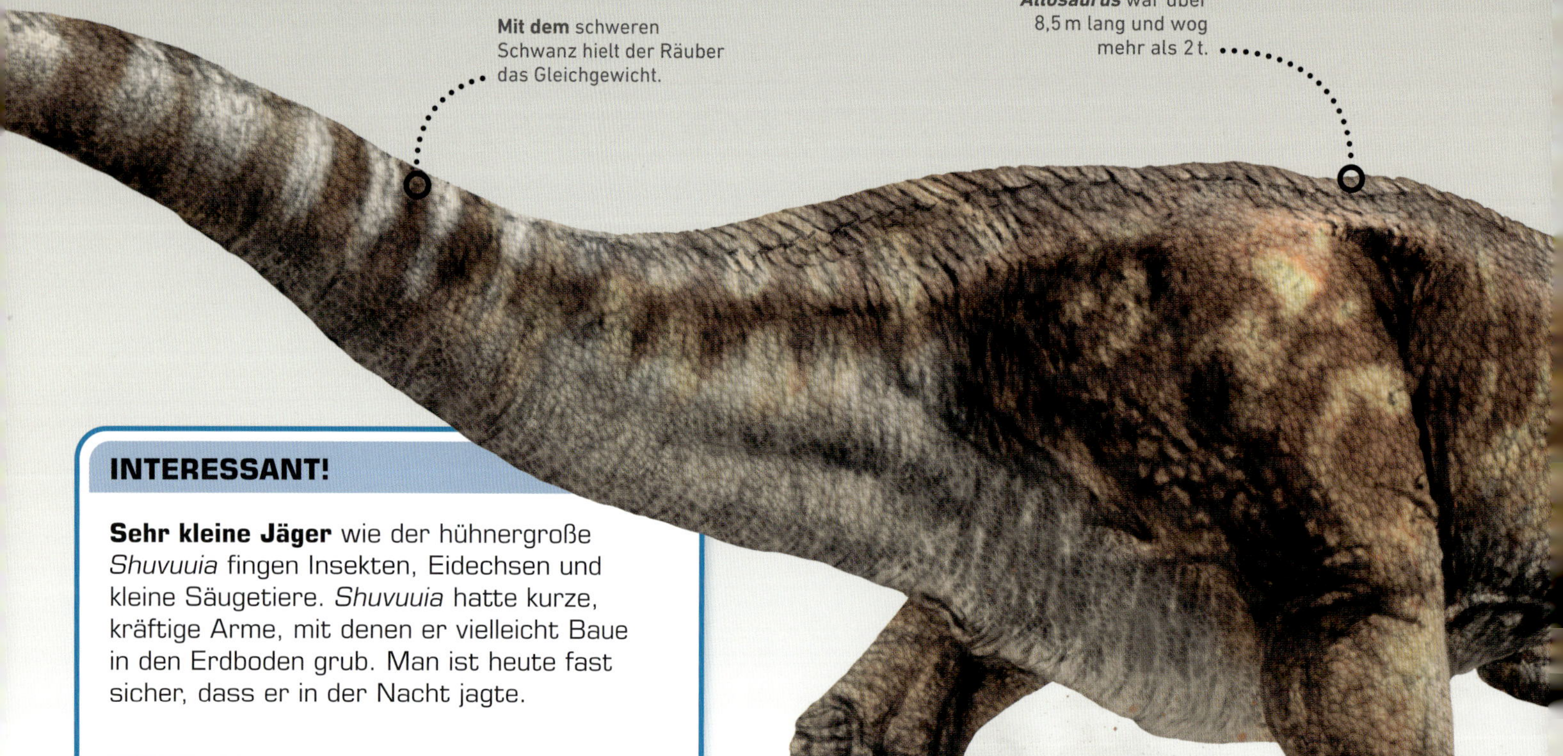

INTERESSANT!

Sehr kleine Jäger wie der hühnergroße *Shuvuuia* fingen Insekten, Eidechsen und kleine Säugetiere. *Shuvuuia* hatte kurze, kräftige Arme, mit denen er vielleicht Baue in den Erdboden grub. Man ist heute fast sicher, dass er in der Nacht jagte.

JAGDTAKTIKEN

Velociraptor und seine nahen Verwandten, wie der größere *Deinonychus,* hatten hakenförmige scharfe Krallen an jedem Fuß. Vielleicht drückten sie ihr Opfer mit ihnen zu Boden, während sie es mit den Zähnen zerrissen. Heute wenden Adler eine ähnliche Technik an.

Deinonychus

Tyrannosaurus hatte winzige Arme, die ihm bei der Jagd kaum nützlich waren. Vermutlich verfolgte er seine Beute und setzte dann seine gewaltigen Kiefer ein. Eine ähnliche Taktik hat heute der Weiße Hai.

Tyrannosaurus

Jäger wie *Allosaurus*, der im Jura lebte, hatten kräftige Arme mit langen, bekrallten Klauen zum Ergreifen ihrer Beute. Ihre Zähne waren schlank und klingenförmig und an den Hinterkanten gesägt wie Steakmesser. Mit ihnen trennten sie Fleischbissen aus dem Körper des Opfers.

WELCHER DINO HATTE DEN DICKSTEN PANZER?

Viele der am stärksten gepanzerten Dinos aller Zeiten gehörten zu einer Familie von Pflanzenfressern, die man Ankylosaurier nennt. Sie trugen Stacheln, Knochenplatten und knöcherne Schwanzkeulen. Einer der größten war *Ankylosaurus*. Er war mit seinem robusten Panzer relativ gut geschüzt vor gefährlichen Raubsauriern wie *Tyrannosaurus rex*, der ebenfalls in seinem Lebensraum jagte.

Ankylosaurier trugen dicke Platten, die mit Horn (Keratin) und Haut bedeckt waren. Das robuste Eiweiß Kollagen hielt sie zusammen, wobei sie in einem Zickzackmmuster angeordnet waren. So galt ein Ankylosaurier ähnlich gut geschützt wie ein Ritter in seiner Rüstung.

Reihen aus Knochenplatten (Osteodermen) waren in die dicke Haut eingebettet.

Am Schwanzende bildeten vier große, miteinander verwachsene Knochen eine tödliche Keule.

Die einzige Schwachstelle war der Bauch: Er war nicht mit Knochenplatten bedeckt.

GÜRTELTIERE

Gürteltiere kommen in Nord- und Südamerika vor. Sie sind die einzigen heute lebenden Säugetiere, deren Körper zum Schutz mit Knochenplatten bedeckt ist. Das Dreibinden-Gürteltier kann sich außerdem zu einer Kugel zusammenrollen, sodass auch seine Bauchseite geschützt ist.

Wenn das Gürteltier die Beine einzieht, bildet es eine undurchdringliche Kugel.

INTERESSANT!

Die Fossilien des kleinen Ankylosauriers *Minmi* aus der Kreidezeit entdeckte man 1964 in Australien. Kleine Knochenplatten schützten seinen weichen Bauch. Im Rücken waren zusätzliche Knochen ausgebildet, die vermutlich seine Muskeln stützten.

Minmi war nur etwa 3 m lang.

Eines der am besten erhaltenen Dinosaurierfossile wurde 2011 in Kanada entdeckt. Es ist 110 Millionen Jahre alt und stammt vom Ankylosaurier *Borealopelta*. Das wunderschön erhaltene Fossil sieht aus wie die 3-D-Rekonstruktion eines schlafenden Dinos.

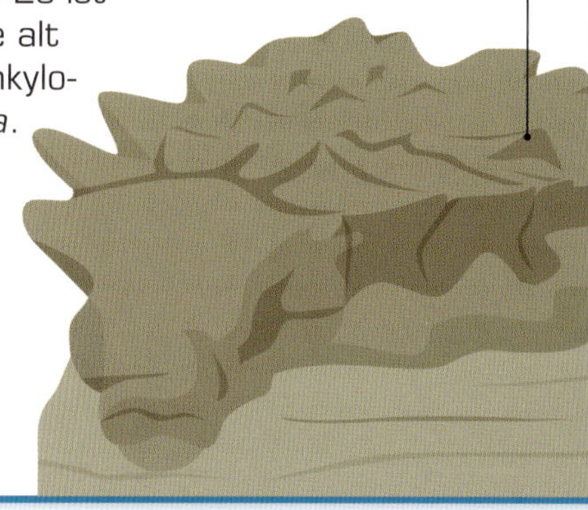

Der Kopf war mit kleinen, ineinandergreifenden Platten bedeckt, die vor den gefährlichen Bissen der Räuber schützten.

Lange Stacheln ragten am Rücken und Kopf sowie an den Seiten des Schädels heraus.

Ritter trugen zum Schutz vor den Waffen ihrer Gegner schwere Metallrüstungen.

Auch *T. rex* konnte den harten Panzer von Ankylosaurus nicht knacken.

WEHRHAFTE BEUTE

Auch für einen gewaltigen Räuber wie *Tyrannosaurus* war *Ankylosaurus* eine harte Nuss. Seine massiven Panzerplatten waren so undurchdringlich, dass die Zähne eines Raubsauriers abbrechen konnten und zudem hatte er eine mächtige Waffe: seine schwere Schwanzkeule. Er schwang sie wie einen Vorschlaghammer hin und her und fügte so dem Angreifer schwere Verletzungen zu. Dabei konnte er ihm sogar das Bein brechen.

Die Schädel-
knochen von
Ankylosaurus
waren verwachsen
und somit
stabiler.

TÖDLICHE WAFFE

Der Raubsaurier *Allosaurus* lebte zur gleichen Zeit wie *Alcovasaurus* und *Stegosaurus*. Vielleicht versuchte er, die Stegosaurier anzugreifen, der ihn mit seinem stacheligen Schwanz vertrieb. Man hat ein *Allosaurus*-Fossil mit einem Loch gefunden, das vom Stachel eines Stegosaurier stammt.

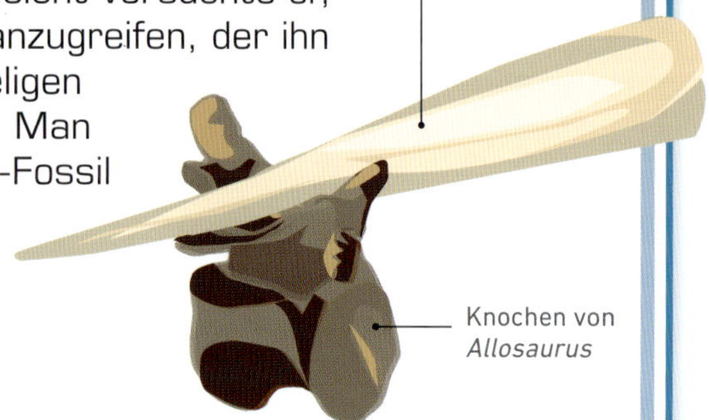

Die Schwanzstacheln von *Alcovasaurus* waren 1 m lang.

WELCHER DINO HATTE DIE **LÄNGSTEN STACHELN?**

***Stegosaurus* war einzigartig**, denn er trug massive Knochenplatten entlang des Rückens und riesige Stacheln am Schwanz. Ein Dinosaurier namens *Alcovasaurus*, ein elefantengroßer Pflanzenfresser, hatte allerdings vermutlich noch längere Schwanzstacheln. Er war ein Verwandter von *Stegosaurus* und vertrieb seine Feinde wahrscheinlich mit Schwanzhieben.

INTERESSANT!

Auch einige heutige Tiere tragen Stacheln. Es sind umgebildete Haare, die steif und spitz sind. Ein Igel hat bis zu 7000 Stacheln, die ihm zur Abwehr von Feinden dienen.

Bei Gefahr rollt sich der Igel zu einer stacheligen Kugel zusammen.

Obwohl er gefährlich aussieht, ist der australische Dornteufel harmlos. Zum Schutz trägt er einen Panzer mit spitzen Stacheln, in die kein hungriges Tier gerne hineinbeißt.

Die kleine Echse ist vom Kopf bis zum Schwanz mit Stacheln besetzt.

Die Knochenplatten dienten vielleicht zur Abschreckung von Feinden, zur Balz oder zur Regulierung der Körpertemperatur.

Man hat nur wenige Fossilien von *Alcovasaurus* gefunden, darunter einige Wirbel, Beinknochen, Rippen und Schwanzstacheln. Leider wurden sie um 1920 beschädigt. Die Wissenschaft muss sich deshalb mit Gipsabgüssen, Fotos und wenigen Fossilien begnügen. Man schätzt, dass das Tier etwa 6,5 m lang war. Die beiden Stachelpaare an der Schwanzspitze maßen etwa 1 m und waren damit so lang wie eine Gitarre.

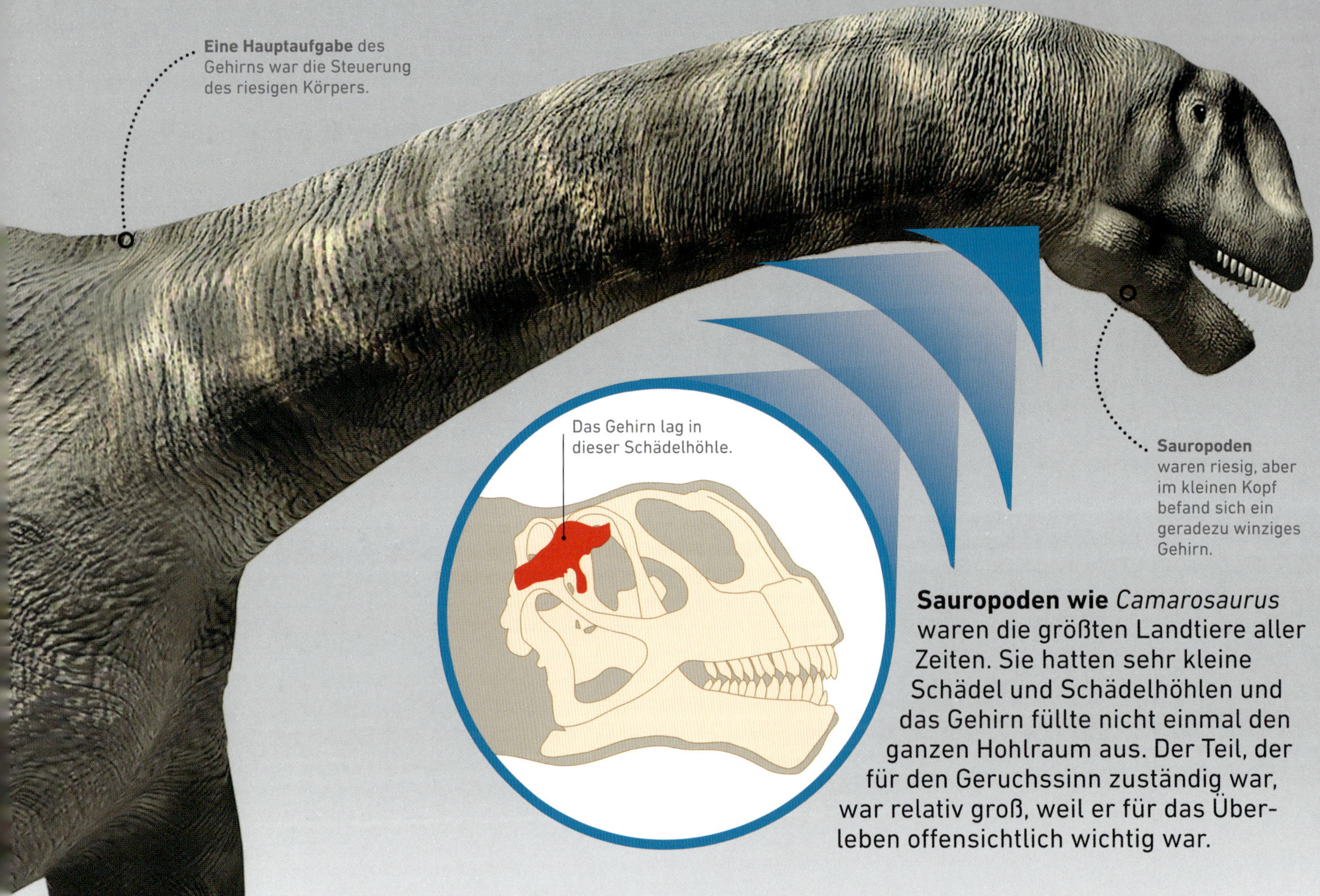

Sauropoden wie *Camarosaurus* waren die größten Landtiere aller Zeiten. Sie hatten sehr kleine Schädel und Schädelhöhlen und das Gehirn füllte nicht einmal den ganzen Hohlraum aus. Der Teil, der für den Geruchssinn zuständig war, war relativ groß, weil er für das Überleben offensichtlich wichtig war.

WIE GROSS WAREN DIE GEHIRNE DER DINOSAURIER?

Einige Dinosaurier hatten im Verhältnis zu ihrem Körper ein erstaunlich kleines Gehirn. Der riesige Sauropode *Camarasaurus* wurde 23 m lang, aber sein Gehirn war nicht schwerer als eine Zitrone. Das Tier brauchte offenbar kein größeres Denkorgan, vielleicht, weil es als Pflanzenfresser nur selten Probleme zu lösen hatte. Jäger wie der kleine Theropode *Stenonychosaurus* mussten dagegen ihre Beute geschickt überlisten, deshalb macht es Sinn, dass ihre Gehirne im Verhältnis viel größer waren. Trotzdem ist es unwahrscheinlich, dass diese Dinos schlauer waren als heutige Hühner.

Dinos, die Fleisch fraßen, hatten größere Gehirne als Pflanzenfresser. Das größte bisher bekannte Gehirn im Verhältnis zum Körpergewicht war das von *Stenonychosaurus*, einem flinken, leichten Jäger, der etwa 2,4 m lang wurde. Es war dennoch ziemlich klein, aber immerhin setzte er einen größeren Teil davon ein, um Probleme zu lösen und sich an Erfahrungen zu erinnern.

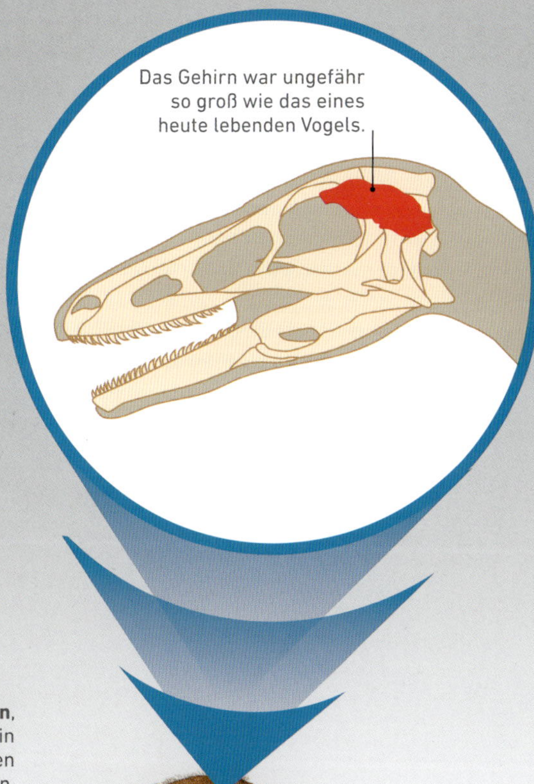

Um Beute zu fangen, muss man schlau sein und schnell reagieren können.

INTERESSANT!

Die Vögel stammen von Theropoden ab und einige, wie die Krähen, sind sehr intelligent. In ihren Gehirnen befinden sich viele dicht gepackte Zellen, deshalb sind diese Vögel schlauer, als ihre Gehirngröße vermuten lässt. War das vielleicht auch bei den ausgestorbenen Dinos der Fall?

Neukaledonienkrähe

Wenn Schlamm in die Schädelhöhle eines toten Dinos geriet und versteinerte, entstand ein Abguss des Gehirns. Forscher füllen versteinerte Schädelhöhlen auch mit flüssigem Gummi. Deshalb weiß man, dass Dino-Gehirne anders aufgebaut waren als Menschengehirne. Ihre Form ähnelte der eines Krokodilgehirns.

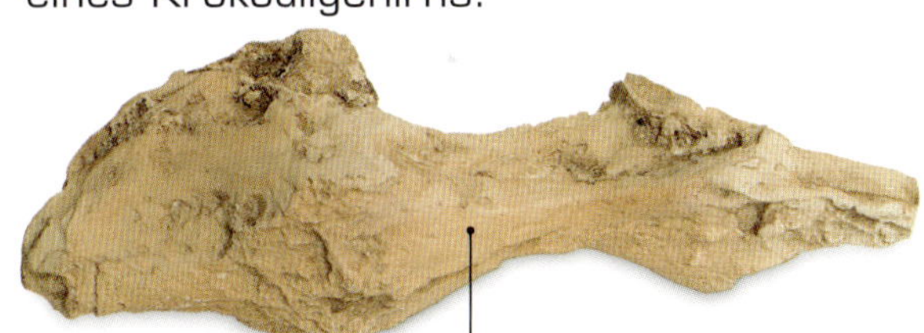

Dieser Abguss eines Dino-Gehirns ist etwa bananengroß.

2004 fand ein Fossiliensammler in England versteinertes Gehirngewebe in einem zerbrochenen Schädel eines Pflanzenfressers, der *Iguanodon* ähnelte. Die Struktur des Gehirns weist Übereinstimmungen mit derjenigen von Vögeln und Krokodilen auf, den nächsten Verwandten der ausgestorbenen Dinosaurier.

Iguanodon lebte vor 125 Millionen Jahren in Europa.

Iguanodon

KONNTEN DINOS BRÜLLEN?

Fast alle heute lebenden Landtiere verständigen sich mit Geräuschen, und wahrscheinlich taten dies auch die ausgestorbenen Dinosaurier. An einigen Fossilien erkennt man Strukturen, mit denen die Tiere Laute hervorgebracht haben könnten. Moderne Vögel, die ihren Körperbau von ihren Dinosauriervorfahren geerbt haben, bringen auch vielfältige Laute und Gesänge hervor. Dinos konnten vermutlich grunzen, trompeten, pfeifen, quietschen und knurren, aber bisher hat die Wissenschaft keine Beweise dafür gefunden, dass ein Dino brüllen konnte.

INTERESSANT!

Viele Vögel singen wunderschön, denn sie besitzen ein Organ namens Syrinx. Es hat zwei getrennte Äste, sodass der Vogel zwei Laute gleichzeitig erzeugen kann. Weil die Vögel von Theropoden abstammen, könnten diese Dinos ähnliche Fähigkeiten besessen haben.

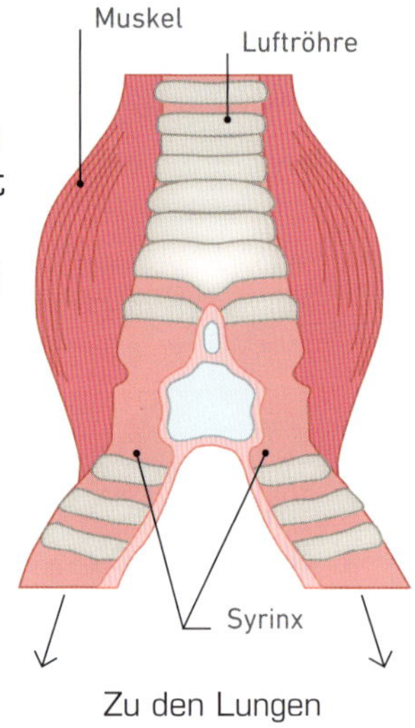

Alligatoren und Krokodile sind Verwandte der Dinosaurier. Sie grunzen und bellen und können auch tief knurren. Es handelt sich dabei um Infraschall, der so tief ist, dass wir ihn nicht hören, aber die Vibrationen breiten sich im Boden und im Wasser aus. Elefanten machen ähnliche Geräusche.

Einige heute lebende Tiere wie Frösche, Robben und Affen besitzen Schallblasen oder aufblasbare Luftsäcke, die ihre Rufe verstärken. Der Pflanzenfresser *Muttaburrasaurus* hatte ein hohles Gebilde auf der Schnauze, das vielleicht ähnlich funktionierte.

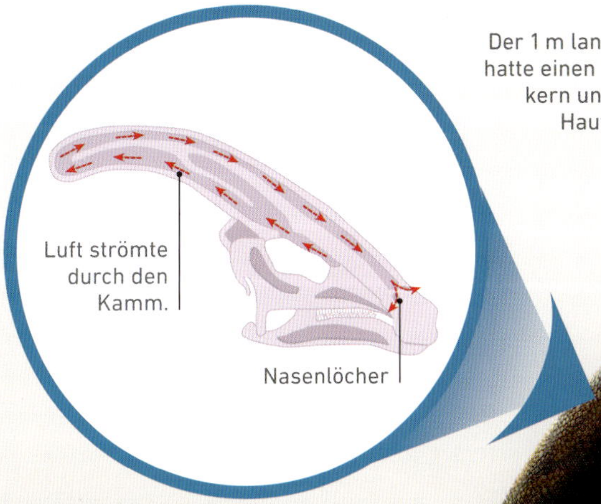

Im langen Kamm von *Parasaurolophus* führten Luftröhren von den Nasenlöchern zur Kammspitze und wieder zurück. Bei verwandten Dinos waren die Röhren kürzer oder länger, sodass ihre Laute vermutlich anders klangen.

Wir wissen, dass eine Dino-Gruppe sehr wahrscheinlich Laute hervorbrachte. *Parasaurolophus* und seine Verwandten trugen auf dem Schädel einen großen Knochenkamm, in dem mit Luft gefüllte Gänge verliefen, die mit den Nasenlöchern verbunden waren. Der Kamm könnte die Rufe wie ein Megafon verstärkt haben. Vielleicht lebten diese Dinosaurier in Wäldern und hielten mit den Lauten Kontakt zueinander.

EINE TROMPETE

Den Rüssel eines Elefanten durchzieht die Verlängerung seiner Luftröhre. Darin befindet sich der Kehlkopf, mit dem er so laut trompeten kann, dass man ihn noch in weiter Ferne hört. Vielleicht brachte auch *Parasaurolophus* mit seinem Kamm durchdringende Laute hervor.

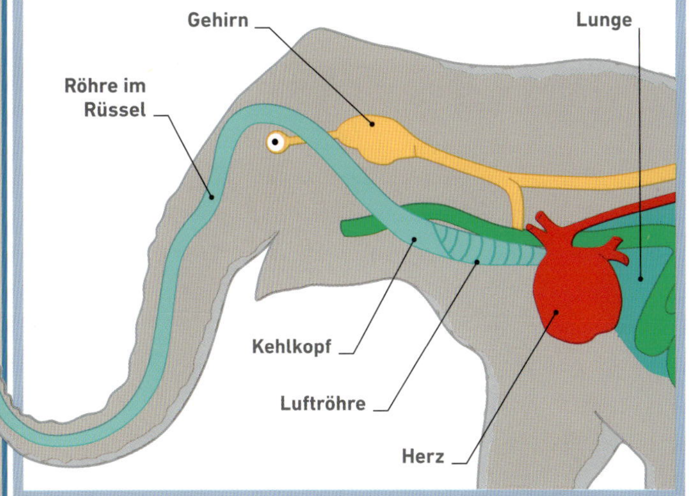

RIESIGE PFLANZENFRESSER

Ein typischer Sauropode hatte einen sehr langen beweglichen Hals, zu dem sein langer Schwanz ein Gegengewicht bot. So konnte er das Gleichgewicht halten und ein großes Gebiet am Boden und hoch in den Baumkronen abweiden. Die Zähne und Kiefer waren an das rasche Abpflücken von Pflanzenteilen angepasst, so war es ihm möglich, seinen gewaltigen Appetit zu stillen.

Das größte landlebende Tier ist heute der Afrikanische Steppenelefant. Der Sauropode *Apatosaurus*, der im Jura lebte, wog jedoch 3-mal so viel, und einige Titanosaurier wurden sogar noch größer. Heute ist der Blauwal das größte lebende Tier. Sein Körper wird jedoch vom Wasser gestützt, während der Sauropodenkörper von vier gewaltigen Beinen getragen wurde. Warum erreichen Tiere solche Ausmaße? Ein Grund ist sicherlich, dass die schiere Größe Feinde abschreckt. Ein großer Körper kann außerdem ein riesiges Verdauungssystem bergen, das gewaltige Mengen Nahrung in Dinosaurierfleisch umwandelte.

Der riesige Sauropode *Apatosaurus* konnte über 33 t schwer werden.

Die säulenförmigen Beine trugen das Gewicht des Dinos.

Ein großer Afrikanischer Steppenelefant wiegt bis zu 10 t.

WARUM WURDEN EINIGE **DINOS RIESIG?**

Die Sauropoden waren die größten Landtiere aller Zeiten. Diese riesigen, langhälsigen Pflanzenfresser liefen auf ihren vier säulenartigen Beinen. Viele waren größer als alle heute lebenden Tiere, vor allem die Titanosaurier, die zum Ende des Dinosaurierzeitalters lebten. Aber warum wurden diese Tiere so groß, und wie konnten sie ausreichend Nahrung aufnehmen, um Energie für ihre gewaltigen Körper zu gewinnen? Wir wissen es noch immer nicht genau, aber ihre Fossilien geben uns einige Hinweise.

INTERESSANT!

Der riesige Kolosskalmar lebt in der Tiefsee. Das größte wirbellose Tier wird über 14 m lang 500 kg schwer.

Mit 12 m Länge ist der Walhai der größte Fisch der Erde. Er wiegt ungefähr 18 t.

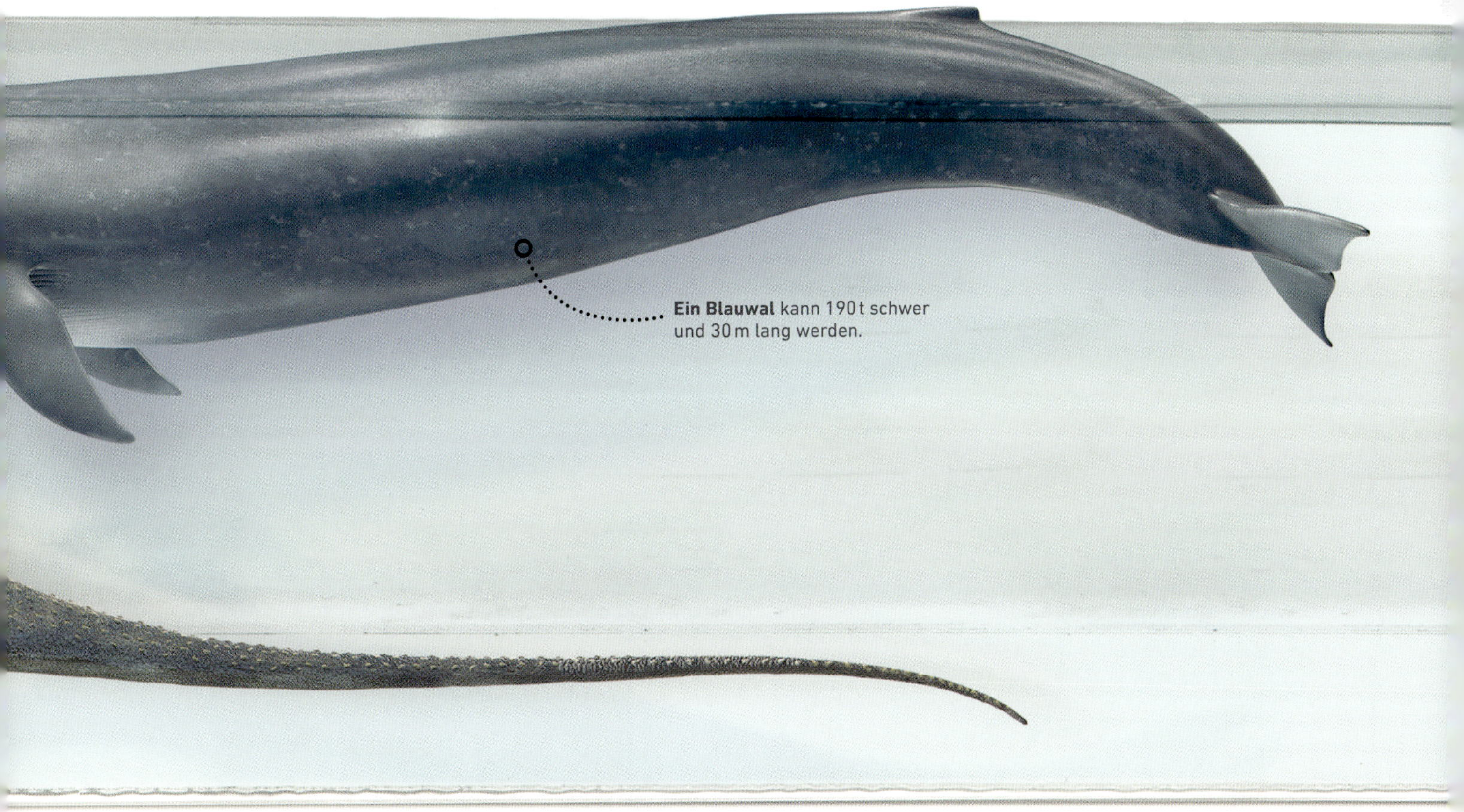

Ein Blauwal kann 190 t schwer und 30 m lang werden.

WIE GROSS WAREN DINOSAURIER-EIER?

So weit wir wissen, legten alle Dinosaurier Eier. Sie hatten harte Schalen wie Vogeleier, aber die meisten waren anders geformt. Manche waren kugelrund, andere länglich, je nach Dinosaurierart. Viele Dino-Mütter legten sie in Nester, die denen heutiger Vögel ähnelten. Manche vergruben ihr Gelege auch in der Erde und bedeckten es vielleicht mit Blättern, die beim Verrotten Wärme freisetzten. Einige der Eier waren ziemlich groß, aber nicht so groß, wie man es bei so riesigen Tieren erwarten würde.

Dinosaurier-Eier waren überraschend klein. Im Vergleich zu Vogeleiern wirken sie groß, aber sie waren winzig im Verhältnis zu den riesigen Tieren, die sie legten. Der Sauropode *Apatosaurus* wurde 30 m lang, aber seine kugeligen Eier hatten nur einen Durchmesser von 30 cm. Die Jungen waren also sehr klein und müssen schnell gewachsen sein. Die größten Eier legten Theropoden der Gruppe der Caenagnathiden.

BABY YINGLIANG

Aus den meisten gefundenen Dinosaurier-Eiern waren Junge geschlüpft, aber man fand auch intakte Eier, in deren Innerem die Tiere versteinert sind. Ein solches Ei wurde im Jahr 2000 in China präpariert. Es enthielt die versteinerten Knochen eines Oviraptorosaurier-Jungen. Man nannte es Baby Yingliang.

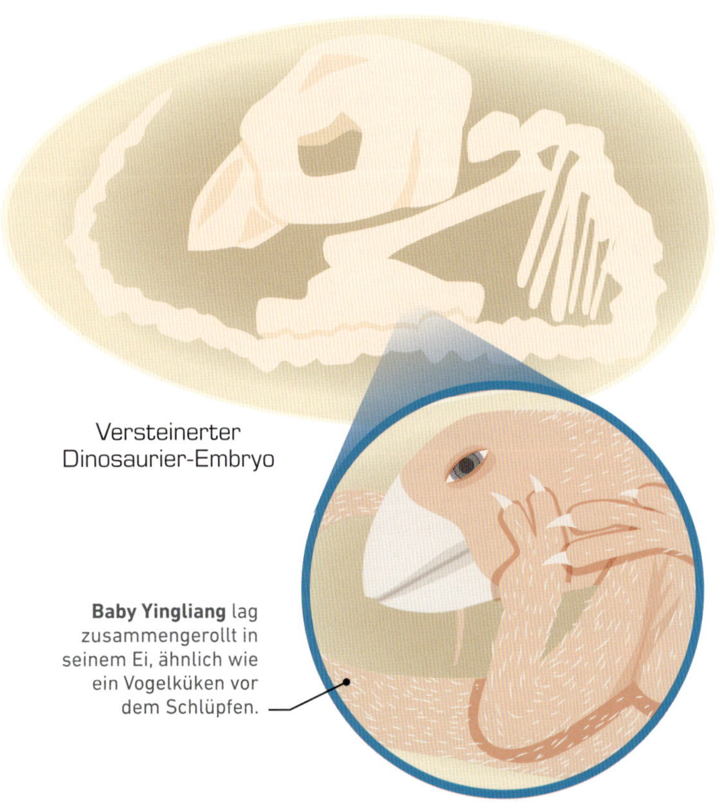

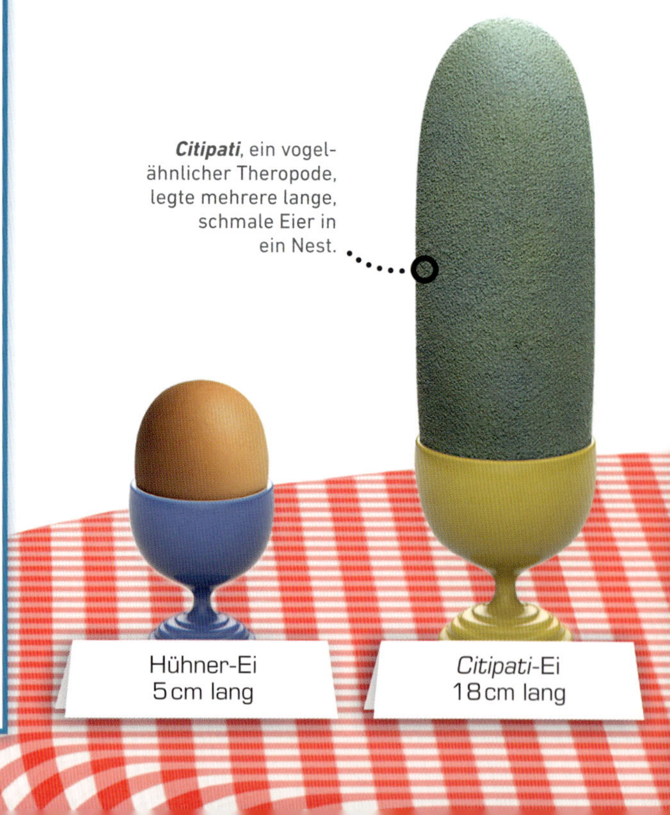

INTERESSANT!

Manche Dinos nisteten in Kolonien. In einer, die man 1997 bei Auca Mahuevo in Argentinien entdeckte, fand man Tausende Eier. Sie sind 80 Millionen Jahre alt.

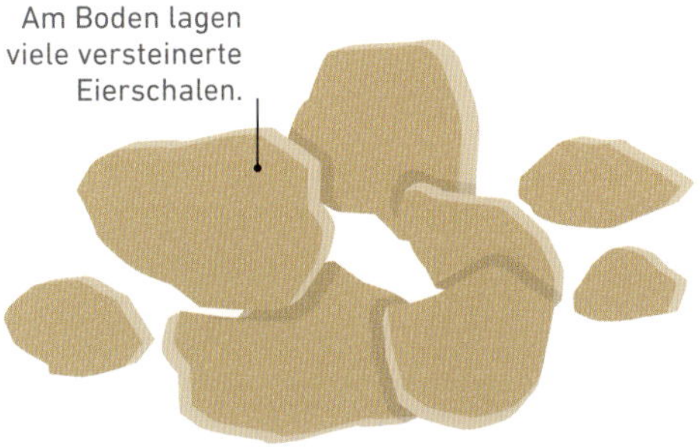

Die größten Dino-Eier, die wir kennen, waren 60 cm lang und etwa 20 cm breit.

WIE SCHNELL WUCHSEN KLEINE DINOS HERAN?

Die größten Dinosaurier waren gigantische Tiere. Ein erwachsener Sauropode konnte mehr wiegen als sechs Afrikanische Elefanten. Aber ein Sauropoden-Ei war nicht größer als ein Fußball, und das Baby, das aus ihm schlüpfte, kaum so groß wie ein neugeborenes Menschenbaby. Es wog ungefähr 4 Kilogramm und konnte in 30 Jahren zu einem Dino heranwachsen, der 10 000-mal so schwer war. Die Wachstumsrate war also phänomenal. Diese Dinosaurier nahmen jedes Jahr bis 1800 Kilogramm an Gewicht zu, viel mehr als alle anderen Landtiere, die es jemals auf der Erde gab.

INTERESSANT!

Obwohl Dinosaurier nach dem Schlüpfen erstaunlich schnell wuchsen, brauchte ihre Entwicklung im schützenden Ei recht lange. Untersuchungen ergaben, dass einige erst nach sechs Monaten schlüpften.

Der Dotter lieferte dem Baby die Nährstoffe, die es zur Entwicklung brauchte.

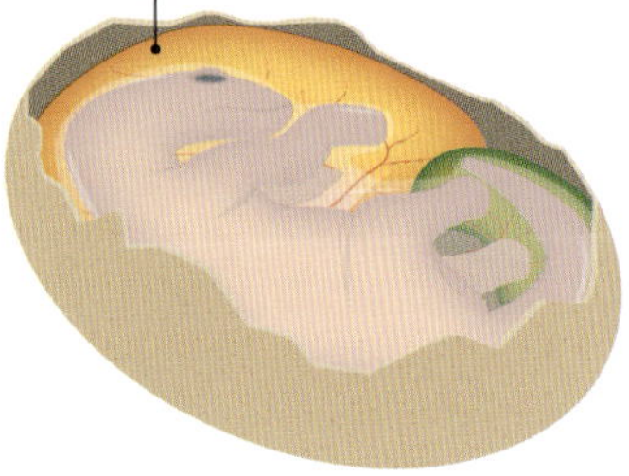

An den Skeletten junger Dinos kann man sehen, dass sie wie die meisten Tierbabys (auch dieser Gorilla) große Köpfe und Füße hatten. Später wurde der Körper im Verhältnis größer, bis die Proportionen eines erwachsenen Dinos erreicht waren.

Neugeborenes Gorillababy

Im Jahr 2000 identifizierte man die versteinerten Knochen eines jungen *Rapetosaurus* in der Sammlung eines Museums. Es war ein Titanosaurier, ein Sauropode, der ausgewachsen schwerer war als zwei Afrikanische Elefanten. Zum Zeitpunkt seines Todes war der junge *Rapetosaurus* etwa zwei Monate alt. An der Hüfte maß er 35 cm, etwa so viel wie ein Golden Retriever. Er wog 40 kg, etwa 10-mal so viel wie zu dem Zeitpunkt, als er geschlüpft war. Junge Dinos wuchsen also sehr schnell heran.

Die größten Sauropoden-Eier, die wir kennen, waren so groß wie ein Fußball und viele hatten nur etwa 12 cm Durchmesser.

Das Baby, das aus einem Ei dieser Größe schlüpfte, wog etwa 4 kg.

HERANWACHSEN

Dinos wuchsen offenbar unterschiedlich schnell. Ein *Tyrannosaurus* war mit 20 Jahren ausgewachsen. *Maiasaura*, ein pflanzenfressender „Entenschnabeldinosaurier“, wurde dagegen 9 m lang und war bereits mit 8 Jahren ausgewachsen. Ein frisch geschlüpftes Maiasaura-Baby maß 40 cm und erreichte schon mit einem Jahr eine Länge von 1,5 m.

Maiasaura-Familie

***Brachiosaurus* lebte in Herden. Die riesigen Tiere zogen durch die Wälder Nordamerikas.**

DINOSAURIERBABYS

Dinosaurier waren eine vielfältige Tiergruppe und die unterschiedlichen Arten sorgten auf verschiedene Weise für ihre Jungen. Wir wissen, dass einige, wie *Maiasaura*, ihre Jungen im Nest beschützten und sie mit Nahrung versorgten. Andere, wie der langhälsige Sauropode *Brachiosaurus*, ermunterte seine Jungen womöglich, sich selbstständig auf Futtersuche zu machen. An versteinerten Fußspuren kann man erkennen, dass junge Dinos oft mit den älteren unterwegs waren, wie z. B. dieser *Brachiosaurus*.

WIE ALT WURDEN DIE DINOSAURIER?

Die Wissenschaft dachte früher, dass Dinosaurier so langsam wuchsen wie Eidechsen, Krokodile und andere heute lebende Reptilien. Wenn das so gewesen wäre, müssten sie mehrere hundert Jahre alt geworden sein, um so groß zu werden. Heute wissen wir, dass Dinos viel schneller wuchsen. Deshalb konnten einige so gigantische Ausmaße erreichen, obwohl sie nur etwa so alt wurden wie Menschen heute. Untersuchungen an ihren Fossilien bestätigten dies: Riesige Dinos wie *Tyrannosaurus* waren erst wenige Jahrzehnte alt, als sie starben.

Sauropoden wie *Diplodocus* konnten vermutlich 80 Jahre alt werden.

INTERESSANT!

Einige Insekten leben nicht lang. Ausgewachsene Eintagsfliegen werden nur wenige Stunden alt. Sie haben gerade genug Zeit, um sich zu paaren und Eier zu legen.

Andere Tiere sind unglaublich langlebig. Große Vasenschwämme, die in der Karibik am Meeresgrund leben, werden etwa 2300 Jahre alt.

1983 untersuchten Wissenschaftler die Knochen von *Bothriospondylus*, einem großen Sauropoden. Sie fanden heraus, dass der Pflanzenfresser mit 43 Jahren gestorben war. Aber das Tier war längst nicht ausgewachsen und hatte offenbar relativ jung sein Leben verloren. Um seine volle Größe zu erreichen, hätte es noch etwa 30 Jahre leben müssen. Seine Lebenserwartung lag also bei etwa 80 Jahren. Große Theropoden hatten wahrscheinlich eine Lebenserwartung von nur 30 Jahren.

WACHSTUMSRINGE

Wenn ein Knochen wächst, lagert sich außen neues Material an. In einer Region mit unterschiedlichen Jahreszeiten bilden sich Jahresringe aus dickeren und dünneren Schichten. Sägt man einen Dino-Knochen durch, sieht man die Ringe und kann herausfinden, mit welchem Alter der Dino starb.

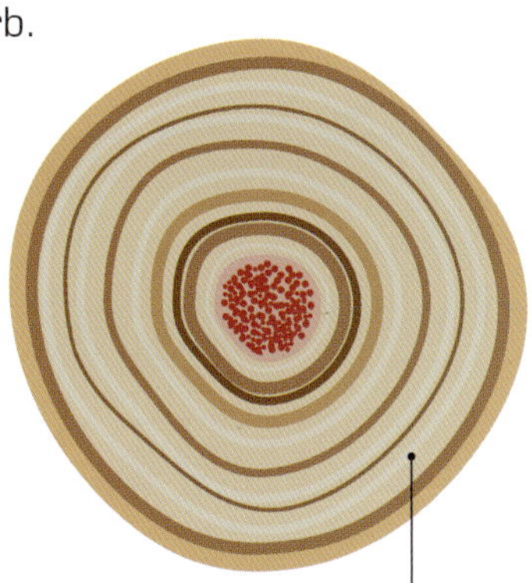

Bei diesem durchgesägten versteinerten Dino-Knochen erkennt man die Jahresringe.

Interessant!

MAHLZEIT

Vor etwa 110 Millionen Jahren war der Pflanzenfresser und Ankylosaurier *Borealopelta* im heutigen Alberta (Kanada) heimisch. 2011 entdeckte ein Bergmann dessen Fossilien. Auch der Mageninhalt war versteinert. Man fand heraus, dass er 24 verschiedene Pflanzen gefressen hatte, vor allem Farne. Einige Blätter enthielten Spuren von Steinkohle. Das weist darauf hin, dass sie nach einem Waldbrand gewachsen waren.

MAGEN-STEINE

Einige Pflanzenfresser unter den Dinos verschluckten Steine, die dann im muskulösen Magen die Pflanzenteile zermalmten. Auch heutige Krokodile und Vögel machen das. Die Steine werden allmählich glattgeschliffen. So kann man Magensteine identifizieren, wenn sie neben anderen Fossilien erhalten sind.

SUPER SINNE

Die Sinne der Dinosaurier waren sehr gut entwickelt.

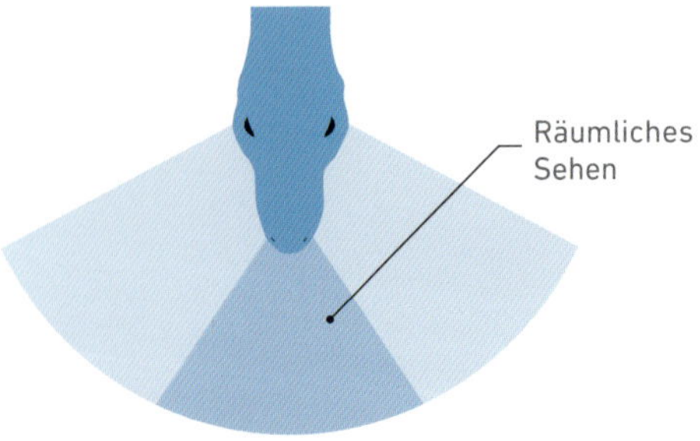

▲ Gute Augen

Tyrannosaurus hatte gute Augen – jedes war ungefähr so groß wie eine Orange. Sie wiesen nach vorn, sodass der Dino räumlich erfassen und Beute besser erkennen konnte. Er sah sehr scharf und konnte sogar ein 6 km weit entferntes Beutetier ausmachen.

▲ Feines Gehör

Der vogelähnliche Dino ***Shuvuuia*** sah und hörte so gut, dass er wie eine heutige Eule in völliger Dunkelheit jagen konnte. Die Erforschung seines Schädels ergab, dass die am Gehör beteiligten Knochen, größer waren als bei anderen Dinos.

▲ Supernase

Theropoden wie ***Tyrannosaurus*** und ***Velociraptor*** hatten einen hervorragenden Geruchssinn. Auf CT-Scans der Schädel erkennt man, dass der Riechkolben (der Teil des Gehirns, der für das Riechen zuständig ist) im Verhältnis zum restlichen Gehirn sehr groß war.

WACHSTUM

Wie Menschen liefen kleine Dinos zunächst auf allen vieren und erst später aufrecht auf zwei Beinen. *Mussaurus* wog nur 450 g, wenn er aus dem Ei schlüpfte. Sobald sein Schwanz schwer genug war, konnte er sich aufrichten und auf den zwei Hinterbeinen fortbewegen.

BEIN-STELLUNG

▲ Senkrechte Beinstellung

Wie bei Vögeln standen die Beine bei Dinosauriern senkrecht unter dem Körper. So konnten die Tiere schneller und weiter laufen als die heute lebenden Reptilien.

▲ Abgespreizte Beine

Bei Eidechsen und einigen anderen heutigen Reptilien sind die Beine seitlich abgespreizt. Der Bauch berührt oft den Boden. Diese Tiere sind keine sehr guten Läufer, denn die Beine tragen das Körpergewicht nicht gut.

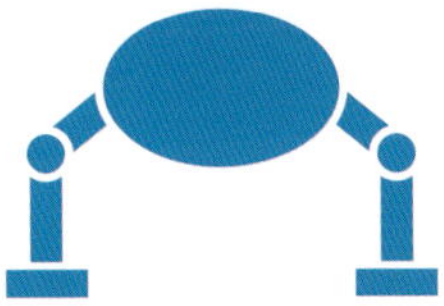

▲ Halb abgespreizt

Krokodile können ihren Körper stärker vom Boden abheben und aufrechter laufen. Wenn sie schnell rennen, nehmen sie diese Körperhaltung ein.

DINO-KRANKHEITEN

Auch Dinos hatten viele verschiedene Krankheiten, ähnlich wie heutige Menschen.

▶ Hatschi!

2022 fanden Paläontologen Hinweise darauf, dass ein **Dino eine Erkältung hatte**. Die Atemwege des jungen Sauropoden „Dolly" waren entzündet, deshalb waren einige Halswirbel verformt. Wahrscheinlich hatte „Dolly" **Fieber, Husten und Schnupfen**.

▶ Zahnweh

Wenn man zähe Pflanzen zermalmen oder Fleisch zerkleinern muss, ist das auch für Dino-Zähne eine starke Belastung. Die Forschung nimmt an, dass der ***Tyrannosaurus*** Sue schreckliche Zahnschmerzen hatte, denn drei ihrer versteinerten Zähne sehen seltsam aus.

▶ Arthritis

Vor etwa 70 Millionen Jahren hatte ein „Entenschnabelsaurier" einen **kranken Arm**. Man fand heraus, dass der Dino **septische Arthritis** hatte, eine Knochenkrankheit, die sich entwickelt, wenn sich eine Wunde infiziert.

Faszinierende Urzeittiere

Seit 550 Millionen Jahren gibt es auf der Erde Tiere und im Lauf der Evolution entstand eine unfassbare Vielfalt wunderbarer und seltsamer Lebewesen. Viele Tiere der Urzeit waren ganz anders als die heute lebenden Arten.

Eines der ersten Tiere, das sich vor mehr als 500 Millionen Jahren in den kambrischen Meeren entwickelte, war *Hallucigenia*. Die Fossilien sind so seltsam, dass Forscher die Stacheln zunächst für Beine hielten.

WIE GROSS WURDEN URZEITLICHE KRABBEL-TIERE?

Im Karbon vor mehr als 300 Millionen Jahren gab es riesige Wälder. Die Luft enthielt mehr Sauerstoff als heute. Das war vielleicht der Hauptgrund, weshalb Insekten und andere Gliederfüßer sehr groß werden konnten. Diese urzeitlichen Krabbeltiere hatten ein robustes Außenskelett und gegliederte Beine. *Arthropleura* war eines von ihnen.

KAMBRISCHE EXPLOSION

Zu Beginn des Kambriums vor etwa 541 Millionen Jahren passierte ein wichtiger Schritt in der Evolution. Es entwickelten sich viele völlig neue Lebewesen, darunter Tiere mit harten Körperteilen wie Schalen. Fantastische Kreaturen wie die wurmähnliche *Hallucigenia* lebten in den Meeren. Von Fossilien wissen wir, dass sie etwa 5 cm lang war und kleine nadelspitze Zähne im Mund und auch in der Kehle besaß.

Am Rücken von *Hallucigenia* standen Reihen von dünnen Stacheln.

Am Ende der Beine saßen kleine Krallen.

***Arthropleura* war so groß wie ein Kleinwagen.**

Arthropleura war der größte Gliederfüßer aller Zeiten. An seinen Fossilien erkennt man, dass er ungefähr 55 cm breit und bis 2,6 m lang wurde und etwa 50 kg wog. Wie heutige Tausendfüßer warf er sein hartes Außenskelett regelmäßig ab, um wachsen zu können. Obwohl *Arthropleura* furchterregend aussah, war das Tier ein Pflanzenfresser.

INTERESSANT!

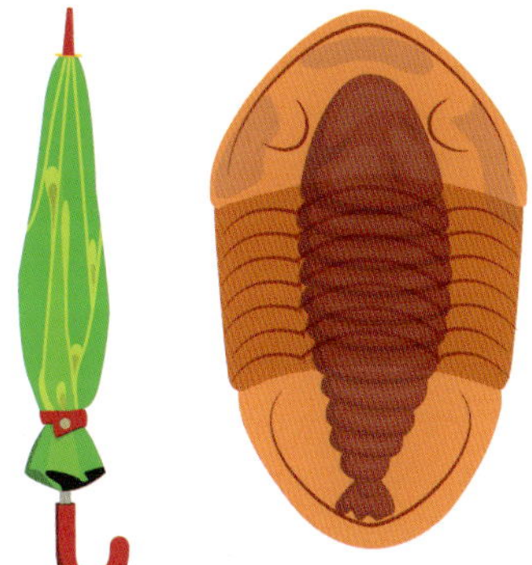

Isotelus rex

Trilobiten waren urzeitliche Meerestiere. Der größte von ihnen war *Isotelus rex*, was „König der Trilobiten“ bedeutet. Er wurde 70 cm groß und war somit etwa so lang wie ein Regenschirm. Trilobiten lebten 270 Mio. Jahre in den Meeren.

JÄGER DER LÜFTE

In jener Zeit, als der riesige Tausendfüßer *Arthropleura* über den Boden krabbelte, flogen gigantische Insekten durch die Luft. Unter ihnen waren Libellenverwandte wie *Meganeura*, die andere Insekten jagten. *Meganeura* ist als Fossil erhalten und hatte eine Flügelspanne von etwa 70 cm. Sie war mindestens 4-mal so groß wie die größte heute lebende Libelle.

Meganeura
jagte im Flug
andere Insekten,
die sie mit ihren
Beinen packte.

WIE GROSS WAR EIN SEESKORPION?

Seeskorpione oder Eurypteriden sind keine echten Skorpione, sondern eine ausgestorbene Gruppe urzeitlicher Gliederfüßer. Der größte Seeskorpion aller Zeiten war wohl *Jaekelopterus*, der größer wurde als ein erwachsener Mensch. Er lebte vor 400 Millionen Jahren in nordamerikanischen Seen und Flüssen, wo er an der Spitze der Nahrungskette stand. Er erbeutete Trilobiten und Fische und vielleicht auch andere Seeskorpione.

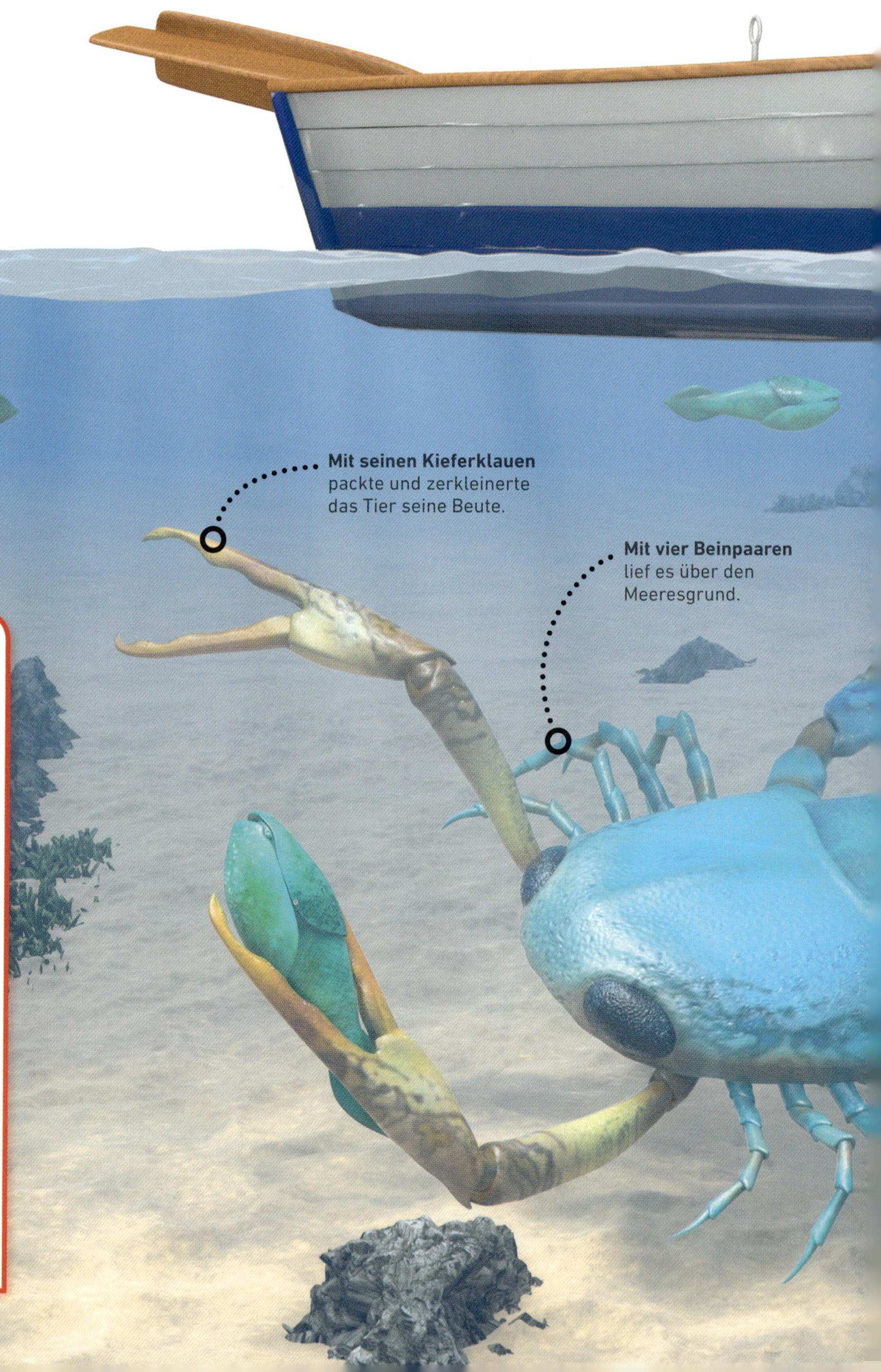

INTERESSANT!

Das erste Fossil des Seeskorpions *Eurypterus remipes* wurde 1818 in New York (USA) entdeckt. Zunächst hielt man es für einen Wels. 1825 erkannte man, dass es sich um einen urzeitlichen Seeskorpion handelt, und heute ist er das Staatsfossil von New York.

Fossil von *Eurypterus remipes*

EIN HINWEIS AUF DIE GRÖSSE

2007 beschrieben deutsche Paläontologen eine riesige Kieferklaue von *Jaekelopterus*, die 46 cm lang war. Nun war die Wissenschaft in der Lage zu ermitteln, wie lang der Körper eines Seeskorpions werden konnte – mindestens 50 cm länger, als man ursprünglich vermutet hatte. Es ist wahrscheinlich, dass ein so großes Tier keine Fressfeinde außer anderen großen Seeskorpionen hatte. Die größten heute lebenden Skorpione werden nur 20 cm lang.

Kieferklaue von *Jaekelopterus*

Kaiserskorpion

Mit einer Länge von bis zu 2,6 m war dieser Seeskorpion kolossal. Er war ein aktiver Jäger mit sehr guten Augen und erspähte auch schnelle Beutetiere. Vielleicht lauerte er seinen Opfern auf. Mit seinen Kieferklauen (Chelizeren) zerkleinerte er die Beute.

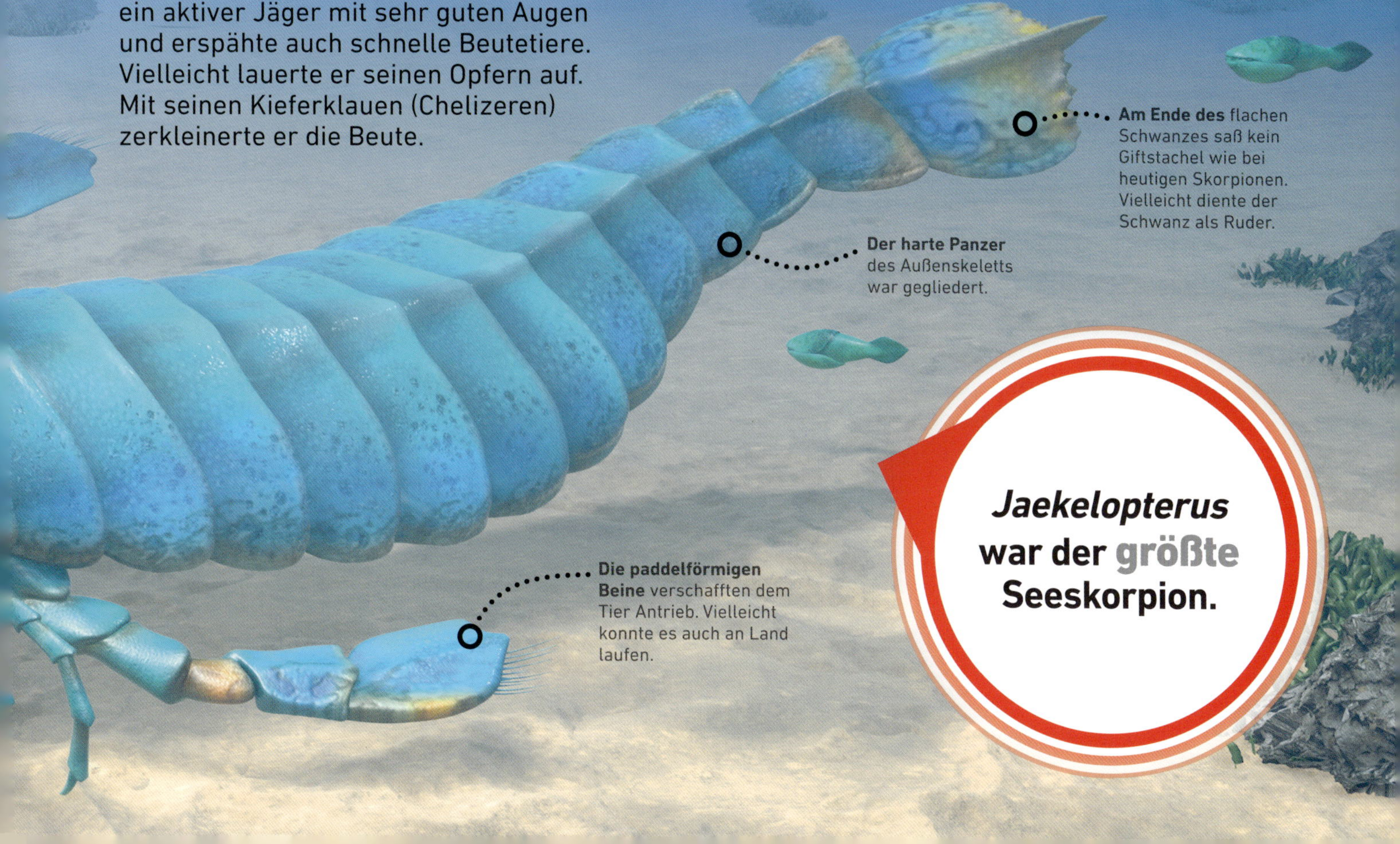

***Jaekelopterus* war der größte Seeskorpion.**

WELCHER FLUGUNFÄHIGE VOGEL WAR AM GRÖSSTEN?

Die Wissenschaft vermutet, dass *Vorombe* der größte und schwerste flugunfähige Vogel aller Zeiten war. Er gehörte zur Gruppe der Elefantenvögel, die zusammen mit anderen ungewöhnlichen Tieren wie riesigen Lemuren, Zwergflusspferden und Riesenschildkröten auf der Insel Madagaskar lebten. Den letzten Elefantenvogel töteten Menschen vor etwa 1000 Jahren und rotteten die Tierart damit aus.

Mit etwa 1,3 m Höhe ist der Kaiserpinguin der höchste und schwerste heute lebende Pinguin.

***Vorombe* war so hoch** wie drei Kaiserpinguine übereinander und wog sagenhafte 730 kg. Erstmals wurden Knochen von ihm im Jahr 1894 beschrieben, aber man hielt sie für die von *Aepyornis*, einer anderen Vogelart. Erst 2018 erklärte man *Vorombe titan* zu einer neuen Art.

TERRORVÖGEL

Eine andere Gruppe großer, flugunfähiger Vögel waren die Phorusrhaciden oder Terrorvögel. Anders als die Elefantenvögel waren sie Fleischfresser. An ihren riesigen Schädeln saßen große Hakenschnäbel, mit denen sie Fleisch abreißen konnten. Einige, wie *Titanis* und *Phorusrhacos*, standen an den Spitze der Nahrungskette. Sie jagten ihre Beute und konnten wahrscheinlich 50 km/h schnell laufen.

Mit seinen kurzen Flügeln konnte *Titanis* nicht fliegen.

Titanis

Mit 3 m Höhe war *Vorombe* der größte flugunfähige Vogel aller Zeiten.

INTERESSANT!

Einer der größten fliegenden Vögel aller Zeiten war *Argentavis*, der einem Geier ähnelte. Er lebte vor 7 Millionen Jahren und segelte über die argentinischen Grasländer. Mit einer Flügelspanne von 6 m war er so groß wie ein Wanderalbatros, der größte heute lebende Vogel.

Argentavis zerkleinerte die Beute mit seinem Hakenschnabel.

Seriemas sind wahrscheinlich Verwandte der ausgestorbenen Terrorvögel. Manchmal halten Farmer in Südamerika diese Vögel zusammen mit ihren Haushühnern, denn sie schrecken mit ihren lauten, schrillen Rufen Raubtiere ab.

Der Afrikanische Strauß ist der größte Vogel der Erde und somit auch der größte noch heute lebende Dinosaurier.

Die Riesenvögel waren Verwandte der Enten und Gänse.

AUSTRALISCHE RIESEN

Während der letzten Eiszeit zogen riesige flugunfähige Vögel durch die offenen Waldländer, die sich in Australien ausgebreitet hatten. Ein ausgewachsenes *Dromornis*-Männchen war fast 3 m hoch und 580 kg schwer. Mit seinem mächtigen Schnabel knackte es wahrscheinlich hartschalige Früchte und Samen, aber es könnte auch Aas und kleine Tiere gefressen haben. Die Männchen kämpften vermutlich mit ihren Schnäbeln gegeneinander, um die Reviere auszufechten.

WELCHER FLUGSAURIER WAR **AM GRÖSSTEN?**

Flugsaurier waren die ersten Reptilien, die die Lüfte eroberten. Die größten Mitglieder dieser spektakulären Gruppe gehörten zur Familie der Azhdarchiden, die sich in der Kreidezeit entwickelte. *Quetzalcoatlus* wurde so hoch wie eine Giraffe und ist ein Anwärter auf den Titel „größtes flugfähiges Tier aller Zeiten“. Einige andere Flugsaurier könnten sogar noch größer gewesen sein, wie *Arambourgiania* und *Hatzegopteryx*, aber weil man nur sehr unvollständige Fossilien von ihnen gefunden hat, ist sich die Forschung nicht sicher.

***Quetzalcoatlus* war einer der größten Flugsaurier.**

Mit 11 m Flügelspannweite war *Quetzalcoatlus* größer als die meisten modernen Segelflugzeuge. Trotz seiner enormen Ausmaße wog er nur etwa 250 kg, ungefähr ein Fünftel einer erwachsenen Giraffe. Weil seine Knochen hohl und somit leicht waren, konnte er problemlos abheben und lange am Himmel segeln.

EIN RÄUBER

Quetzalcoatlus verbrachte viel Zeit mit der Jagd am Boden und erbeutete verschiedene Tiere, auch kleine Dinos. Er lief auf seinen Handgelenken und Füßen und faltete seine Flughäute dabei zusammen. Wie ein Storch packte er seine Beute mit dem Schnabel und verschlang sie dann im Ganzen.

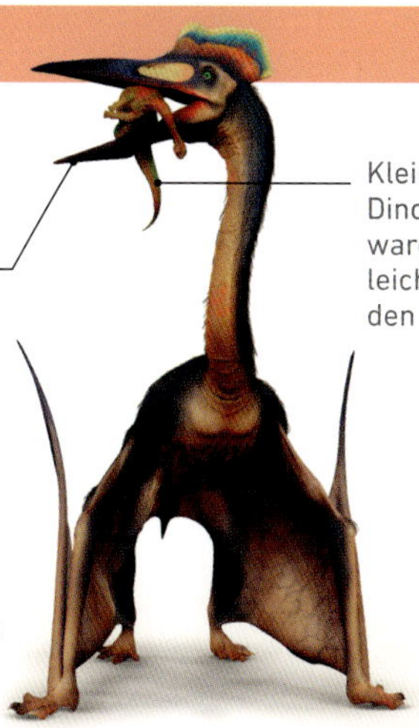

Quetzalcoatlus

INTERESSANT!

Heute ist die Giraffe das höchste Landtier. Mit 6 m Höhe überragt sie die Bäume der afrikanischen Savanne und kann Blätter abpflücken, die andere Tiere nicht erreichen.

***Pteranodon* bedeutet „Flügel ohne Zähne“.**

HOCH AM HIMMEL

Die ersten Flugsaurier waren nicht größer als Krähen, aber in der späten Kreide-zeit zogen riesige Tiere wie Pteranodon hoch am Himmel ihre Bahnen. Er hatte eine Flügelspanne von bis zu 6,5 m und einen langen, spitzen zahnlosen Schnabel zum Fische fangen. Bei Männchen wie Weibchen befand sich am Hinterkopf ein Knochenkamm, doch war dieser bei erwachsenen Männchen deutlich größer. Pteranodon lebte in Nordamerika und jagte an den Ufern eines riesigen Binnenmeers, das damals den Kontinent in zwei Landmassen teilte.

WELCHER MEERESSAURIER WAR AM GRÖSSTEN?

Obwohl einige Ichthyosaurier Delfinen sehr ähnlich sahen, handelte es sich hier um Meeresreptilien. Sie lebten in der Trias und waren die ersten Tiere im Meer, die enorm groß wurden. *Shonisaurus sikanniensis* wurde 21 Meter lang und ist der größte Meeressaurier, den man kennt. Ende der 1990er-Jahre legte man in British Columbia (Kanada) ein Skelett frei. Ein gewaltiger Schädel und ein großer Teil des Körpers sind erhalten geblieben.

***Shonisaurus sikanniensis* war so lang** wie drei ausgewachsene Afrikanische Elefanten hintereinander und nur ein wenig kleiner als ein Blauwal, das größte heute lebende Tier. Er schwamm durch die Ozeane, immer auf der Suche nach Nahrung, die ihm Energie für seinen gewaltigen Körper lieferte. Mit seiner Stromlinienform und der langen Schnauze erbeutete er Fische, Kalmare und andere große Meeressaurier.

INTERESSANT!

Man hat mehr als 100 Ichthyosaurier freigelegt, in deren Bauch ein Embryo versteinert ist. Die meisten fand man in Deutschland, wie dieses perfekt erhaltene Fossil. Die *Stenopterygius*-Mutter starb, als sie ihr Junges mit der Schwanzflosse voran zur Welt bringen musste.

Stenopterygius

***Shonisaurus sikanniensis* war der größte Meeressaurier.**

NEUE ENTDECKUNG

2018 untersuchte ein Team die Fossilien eines riesigen Kieferknochens aus England. Man analysierte ihn und weitere Fossilien, die man im 19. Jh. gefunden hatte, und kam zu dem Schluss, dass es sich um den Kiefer eines Ichthyosauriers handelt, der 30 m lang gewesen sein könnte. Um ganz sicher zu gehen, hofft man allerdings noch auf weitere Funde .

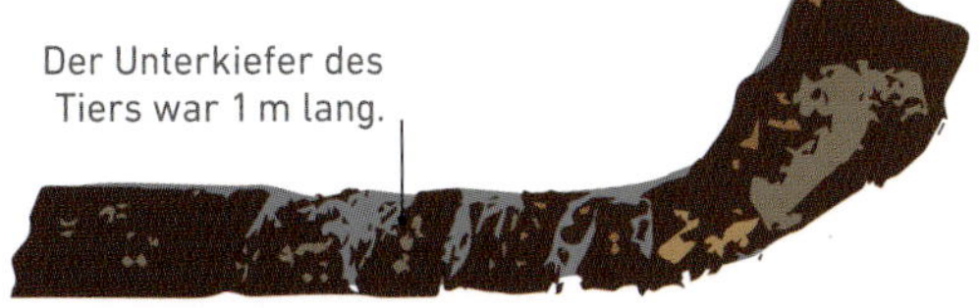

WELCHES MEERESTIER HATTE DEN LÄNGSTEN HALS?

Die Plesiosaurier waren Meeresreptilien, die nie an Land kamen und sogar ihre Jungen im Wasser zur Welt brachten. *Albertonectes* war 12 Meter lang, etwa so lang wie ein Bus, und damit einer der längsten Plesiosaurier. Er zog vor etwa 70 Millionen Jahren durch die Meere, die Nordamerika umgaben, immer auf der Suche nach Kalmaren und anderen Beutetieren.

Man hat zwar nie einen Schädel gefunden, aber *Albertonectes* hatte vermutlich spitze, gekrümmte Zähne, die denen eines Plesiosauriers ähnelten. Mit ihnen konnte er glitschige Fische festhalten. Sein Hals war unglaubliche 7 m lang und machte fast zwei Drittel des gesamten Körpers aus. Er bestand aus 76 Knochen, während ein Mensch nur sieben Halswirbel hat.

RÄTSEL AUS DER TRIAS

Seit man es 1850 entdeckte, rätseln Paläontologen und Paläontologinnen, um welches Tier es sich bei dem langhälsigen Reptil *Tanystropheus* aus der Trias handelt. Es könnte sowohl an Land wie auch im Wasser gelebt und Fische und Kalmare gefressen haben.

Der Hals war ungefähr 3 m lang.

INTERESSANT!

Bisher fand man nur ein Skelett von *Albertonectes.* Daran konnte man erkennen, dass er Steine verschluckte, sogenannte Gastrolithe. Wahrscheinlich halfen sie bei der Zerkleinerung der Nahrung im Magen.

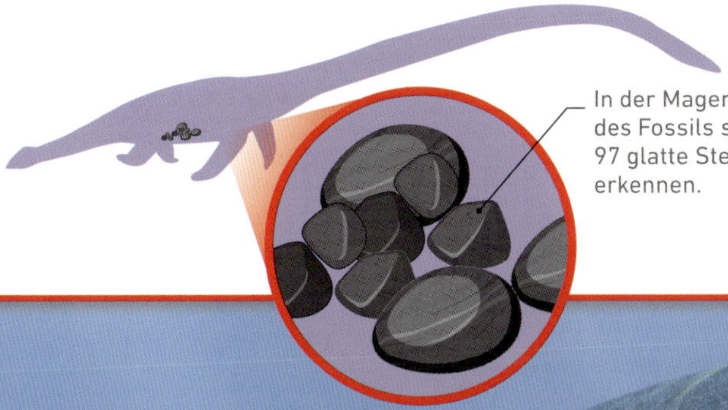

In der Magengegend des Fossils sind 97 glatte Steine zu erkennen.

Pliosaurier waren Verwandte der Plesiosaurier. Sie hatten kurze Hälse und gewaltige Kiefer, in denen riesige spitze Zähne saßen. Die wilden Räuber jagten andere große Meerestiere, auch Plesiosaurier.

Der kurzhälsige *Liopleurodon* konnte 8 m lang werden.

Kein anderes Meerestier hatte einen so langen Hals wie *Albertonectes.*

Plesiosaurus war der erste langhälsige Meeressaurier, den man entdeckte.

PERFEKT ERHALTEN

Die englische Fossiliensammlerin Mary Anning (1799–1847) entdeckte einige der größten urzeitlichen Tiere, die wir kennen. Sie begann schon im Alter von fünf Jahren nach Fossilien zu suchen und half dabei ihrem Vater, der diese verkaufte, um zusätzliches Geld für die Familie zu verdienen. Dieses 200 Millionen Jahre alte, sehr gut erhaltene Skelett eines *Plesiosaurus* entdeckte Mary Anning 1823. Plesiosaurier lebten in den seichten Meeren des Jura, die das heutige Europa bedeckten.

WELCHER MEERESSAURIER BISS **AM KRÄFTIGSTEN ZU?**

Die größten Meeressaurier waren sehr gute Jäger mit kräftigen Kiefern und spitzen Zähnen. Im Meer spielten sie eine ähnliche Rolle wie die Tyrannosaurier an Land. Einer der gefährlichsten war *Pliosaurus*, ein Riese mit enorm langen Kiefern, der in den Jurameeren Fische und andere Meeressaurier erbeutete. Seine Zähne ähnelten denen eines Krokodils, sodass er mit ihnen glitschige Beutetiere festhalten konnte.

Pliosaurus wurde 10 m lang oder länger und war einer der größten Meeressaurier aller Zeiten. Mit seinen schauerlichen Kiefern konnte er seine Beute mit der fast 4-fachen Kraft packen wie ein heutiges Krokodil. Vielleicht zerfetzte er sein Opfer, jedenfalls konnte er es mit seinen Zähnen nicht zerteilen, weshalb er es im Ganzen verschlungen haben muss.

FOSSILIEN

2008 legte man auf der Insel Spitzbergen im Arktischen Ozean Fossilien eines *Pliosaurus* aus dem Jura frei. Weil das Gestein während der letzten 145 Millionen Jahre immer wieder gefror und auftaute, war es in 20 000 Teile zerbrochen.

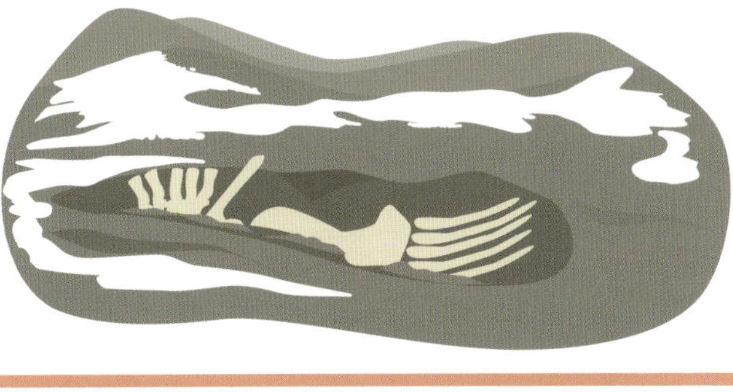

INTERESSANT!

Pliosaurus war mit den Plesiosauriern verwandt, die kleine Köpfe und sehr lange Hälse hatten. Wahrscheinlich waren sie leichte Beute für die kräftigeren Pliosaurier.

Die Pliosaurier starben vor etwa 90 Mio. Jahren aus und die Mosasaurier wurden zu den wichtigsten Räubern der Meere. Diese Jäger lebten bis zum Ende der Dinosaurierzeit.

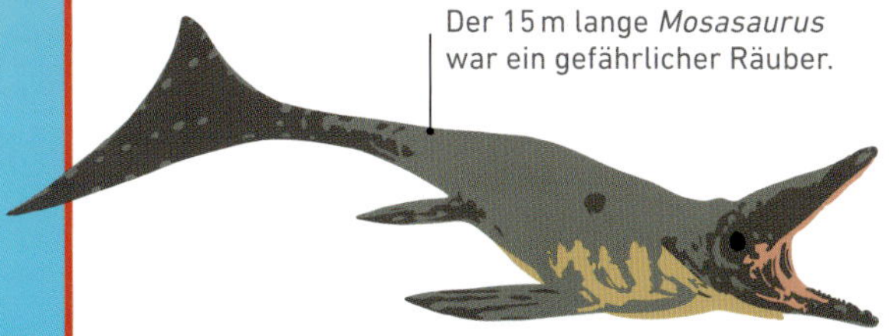

WELCHE URZEITLICHE SCHLANGE **WAR AM LÄNGSTEN?**

Die ersten Fossilien von *Titanoboa* fand man 2004 in einem Kohlebergwerk im nördlichen Kolumbien. Es handelte sich um Wirbel, Rippen und einen Schädel. Diese gigantische Schlange wurde 14 Meter lang und somit länger als ein Schulbus. Es war bestimmt kein Problem für sie, Riesenschildkröten und Krokodile zu fressen, denn sie konnte ihre Kiefer aushängen und das Opfer im Ganzen verschlingen.

***Titanoboa* war die größte Schlange aller Zeiten.**

WIE KONNTE SIE SO GROSS WERDEN?

Alle heutigen Riesenschlangen leben im warmen Klima nahe des Äquators. In der Forschung wird vermutet, dass *Titanoboa* so groß werden konnte, weil es zu ihren Lebzeiten in Nordkolumbien viel wärmer war als heute. Sie lebte in tropischen Sümpfen und Regenwäldern, wo ein ähnliches Klima herrschte wie im heutigen Amazonasregenwald.

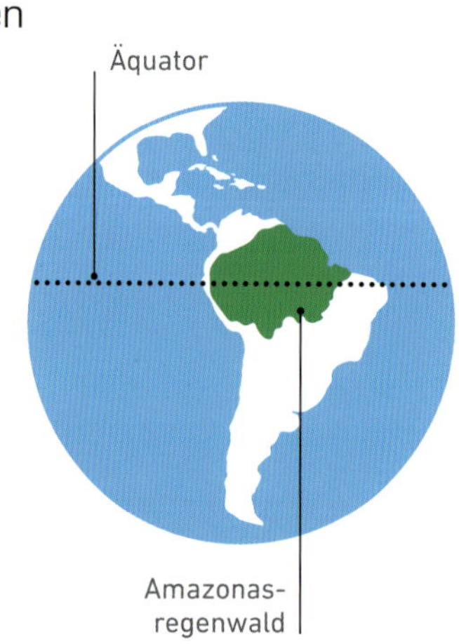

Wie ihr Name vermuten lässt, war *Titanoboa* die größte und schwerste Schlange, die jemals auf der Erde gelebt hat. Sie wurde anderthalb mal so lang wie die größte heutige Riesenschlange, und wog mehr als eine Tonne, so viel wie ein kleines Familienauto.

INTERESSANT!

Die meisten Schlangen legen Eier, aber manche Arten bringen lebende Junge zur Welt. Weibchen der Plättchen-Seeschlangen z. B. gebären im Meer weit entwickelte junge Seeschlangen.

Plättchen-Seeschlange

Es gibt etwa 3800 Schlangenarten und nur 600 von ihnen sind giftig. Schlangen nutzen ihr Gift zur Jagd und zur Verteidigung. Einige, wie der australische Inlandtaipan, können einen Menschen mit Leichtigkeit töten.

Inlandtaipan

EINE WÜRGESCHLANGE

Wie alle heute lebenden Riesenschlangen konnte *Titanoboa* ein Krokodil oder ein ähnlich großes Tier töten, indem sie es umschlang und die Windungen immer enger zog, wenn das Opfer ausatmete. Die Beute war so bald nicht mehr zum Atmen fähig und erstickte. Dann öffnete *Titanoboa* ihr Maul weit und verschlang das ganze Tier. Die spitzen Zähne wiesen nach hinten und zogen die Mahlzeit in den Schlund. Es dauerte lang, bis sie verdaut war: *Titanoboa* musste erst Wochen später wieder auf die Jagd gehen.

Titanoboa lauerte im oder am Wasser und **packte** Krokodile und Fische.

WIE GROSS WAREN **MEGALODONS KIEFER?**

***Otodus*, auch *Megalodon* genannt**, war mit 20 Metern Länge der größte Hai aller Zeiten und 4-mal so lang wie ein heutiger Weißer Hai. Er zog vor 20 Millionen Jahren durch die Meere und tötete seine Beute mit seinen riesigen Kiefern. Man fand Hunderte seiner Zähne überall auf der Welt und kann deshalb rekonstruieren, wie dieser Jäger an der Spitze der Nahrungskette ausgesehen haben könnte.

Im Vergleich zu den Kiefern eines Weißen Hais, des gefährlichsten Hais der Erde, waren die Kiefer eines *Megalodon* gewaltig. Sie hatten mindestens 3 m Durchmesser und waren mit 276 Zähnen bestückt, die mühelos Fleisch durchtrennen konnten. Der Urzeithai konnte 5-mal so kraftvoll zubeißen wie *Tyrannosaurus* und damit stärker als alle anden Tiere, die es jemals gab.

Die rasiermesserscharfen Zähne wurden alle 7 bis 14 Tage durch neue ersetzt.

INTERESSANT!

Versteinerte *Megalodon*-Zähne von etwa 28 Jungtieren fand man im heutigen Panama. Die 400 Zähne stammen von Haien, die erst 2 bis 10,5 m lang waren. Vielleicht lebten sie zusammen in einer Kinderstube.

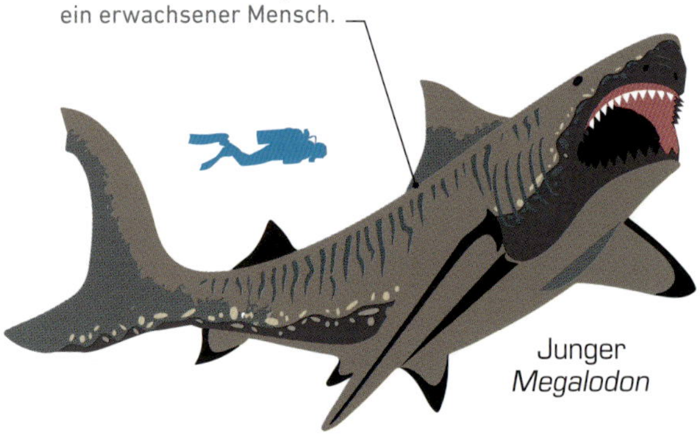

EIN RÄTSEL

Megalodon starb vor 3,5 Millionen Jahren aus, aber man weiß noch nicht, weshalb. Vielleicht geschah es in einem Zeitabschnitt, in dem es auf der ganzen Erde kälter war. *Megalodon* liebte warmes Wasser, und womöglich fand er damals auch nicht mehr genügend Nahrung. Andere Raubfische wie Weiße Haie, die es damals bereits gab, könnten Nahrungskonkurrenten gewesen sein. Vielleicht trugen sie zu seinem Aussterben bei.

Weißer Hai

Die größten Zähne waren etwa so groß die die Hand eines Erwachsenen.

Kiefer eines *Megalodon*

Durch die geöffneten Kiefer hätte ein Familienauto fahren können.

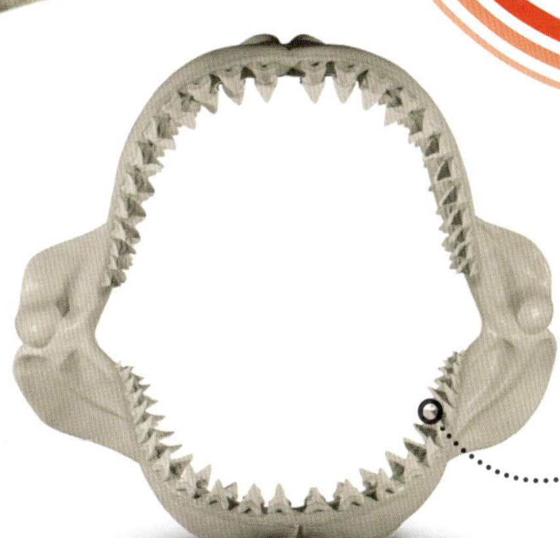

Kiefer eines Weißen Hais

SCHOCKIERENDER BISS

Wie sein Verwandter, der heute lebende Weiße Hai, stand *Megalodon* zu seiner Zeit als Räuber an der Spitze der Nahrungskette. Er war viel größer als ein Weißer Hai. So konnte er jedes Tier töten, das ihm vor die Schnauze schwamm, auch die gigantischen Pottwale. *Megalodon* war ein sehr schneller Schwimmer und holte seine Beute mit Leichtigkeit ein. Wenn er angriff, hatte das Opfer keine Chance. Er fügte ihm so schreckliche Verletzungen zu, dass das Tier fast augenblicklich am Schock starb.

***Megalodon* jagte in allen wärmeren Meeren der Erde.**

WELCHE TIERE LEBTEN IN DER EISZEIT?

Während der letzten Eiszeit, die vor 110 000 Jahren begann und vor 12 000 Jahren endete, lebten große Säugetiere auf der Erde. Das zottelige Wollhaarmammut streifte mit Wildpferden und Bisons durch die kalten Steppenlandschaften der Arktis. Weiter im Süden erbeuteten Säbelzahnkatzen andere große Pflanzenfresser, während in Südamerika und Australien riesige Beuteltiere vorkamen.

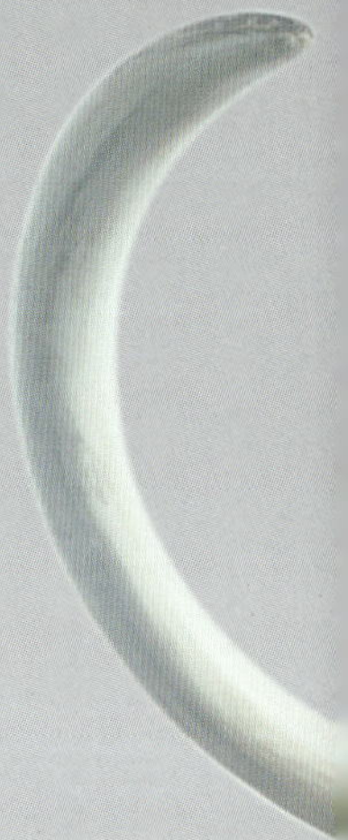

BEUTELTIERE

Wie viele frühe Säugetiere war der Wolf *Thylacinus* ein Beuteltier. Auch die heutigen Koalas und Kängurus gehören zu dieser Unterklasse. Vor etwa 30 000 Jahren starben die meisten eiszeitlichen Beuteltiere aus, aber *Thylacinus* überlebte bis ins 20. Jahrhundert.

Thylacinus

Glyptodon

Dieses Tier war so groß wie ein Kleinwagen und ein gepanzerter Verwandter der heutigen Gürteltiere. Es lebte bis vor etwa 12 000 Jahren in Südamerika auf grasbewachsenen Ebenen. Sein Panzer schützte vor den Angriffen von Säbelzahnkatzen und anderen Räubern.

Diprotodon

Das Beuteltier *Diprotodon* wurde fast 2,1 m hoch und war so groß wie ein Nashorn. Es hatte enorme Vorderzähne, mit denen es wohl Blätter von den Büschen und Bäumen der australischen Waldgebiete rupfte.

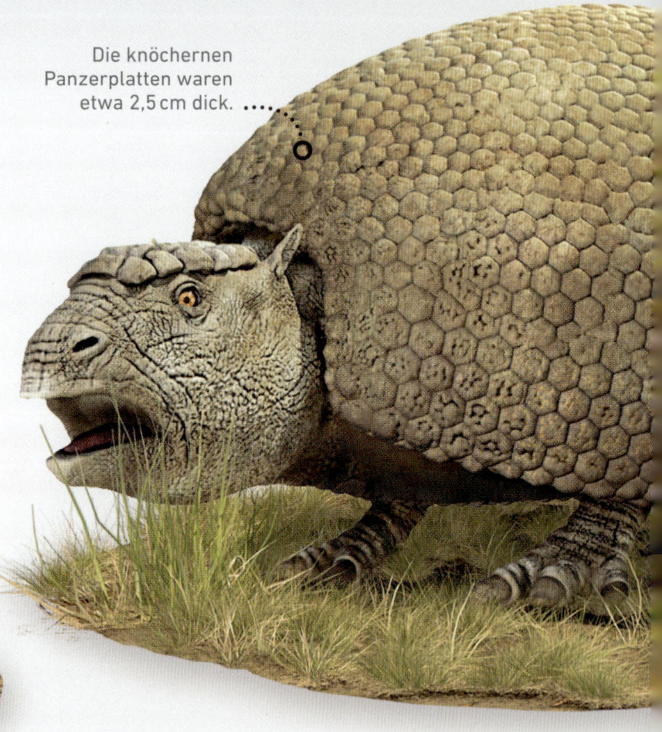

Wollhaarmammut
Die Mammuts waren nah mit den heutigen Asiatischen Elefanten verwandt. Sie hatten riesige Stoßzähne und große flache Zähne, mit denen sie zähe Gräser zerkauten. Das bekannteste, das Wollhaarmammut, lebte vor 200 000 bis 4000 Jahren im hohen Norden. Sein zotteliges Fell hielt es im eisigen Winter warm.

Smilodon
Die Säbelzahnkatze *Smilodon* lebte in Nord- und Südamerika. Sie hatte unglaublich lange Eckzähne, mit denen sie große Tiere wie Kamele, Bisons und Riesenfaultiere töten konnte.

Interessant!

REKORDE

▼ Riesen-Räuber

Mit einer Länge von bis zu 70 cm war ***Anomalocaris*** der größte Räuber seiner Zeit. Das Tier lebte vor 500 Millionen Jahren. Es paddelte mit seinen seitlichen klappenartigen Körperteilen durch die Meere und packte mit seinen langen Mundwerkzeugen Beutetiere.

An den Mundwerkzeugen saßen gefährliche Stacheln.

In das gewaltige Froschmaul passten kleine Tiere und sogar junge Dinosaurier.

▲ Mega-Frosch

Beelzebufo, der „Teufelsfrosch", war vielleicht der größte Frosch aller Zeiten. In der späten Kreidezeit lebte er auf der Insel Madagaskar. Er war so groß wie ein Basketball und konnte ähnlich kraftvoll zubeißen wie ein heute lebender Wolf.

▼ Gefährliches Gebiss

Das größte fleischfressende Säugetier aller Zeiten war ***Andrewsarchus***. Er wurde 4 m lang und streifte vor 40 Mio. Jahren durch die Ebenen der Mongolei. Mit seinen Zähnen riss er seine Beute in Stücke.

Mit den Zähnen vorn im Maul durchtrennte das Tier Fleisch und mit den Backenzähnen zermalmte es Knochen.

KOLOSSALE VERWANDTE

Diese Urzeittiere waren mit heute lebenden Tieren verwandt, allerdings wurden sie viel größer.

Procoptodon

Dieses Kurzschnauzenkänguru starb vor 30 000 Jahren aus. Es war 3-mal so groß wie das größte heute lebende Känguru. Deshalb konnte ***Procoptodon*** wahrscheinlich keine Sprünge machen, sondern lief auf seinen Hinterbeinen.

Gigantopithecus

Der **Menschenaffe** wurde etwa 3 m hoch. Er lebte in Wäldern im heutigen südlichen China und starb vor 100 000 Jahren aus. Sein nächster heute lebender Verwandter ist der Orang-Utan.

SCHON GEWUSST?

Eines der ersten **Säugetiere**, die man kennt, war ein spitzmausähnliches Tier, das vor 225 Millionen Jahren lebte. *Brasilodon* war nur 12 cm lang und jagte wahrscheinlich Insekten.

Brasilodon

Pferde entwickelten sich vor etwa 54 Millionen Jahren. Sie waren nicht größer als Füchse und lebten in Wäldern, wo sie Pflanzen fraßen. Statt Hufen hatten sie mehrere Zehen.

Heutiges Pferd

Urpferdchen

Die ersten **Kamele** lebten vor 5 Millionen Jahren in Nordamerika und hatten keinen Höcker, in dem Fett gespeichert war. Einige, wie *Protylopus*, waren nicht größer als eine Katze, andere so groß wie ein heute lebendes Pferd.

Protylopus

Heutiges Dromedar

SCHNELLE TIERE

Superschwimmer

Mosasaurier waren Meeresreptilien, die in der Kreidezeit lebten. Mit ihren kräftigen Flossen und dem stromlinienförmigen Körper waren sie perfekt an das Schwimmen angepasst. Forschende schätzen, dass sie 48 km/h erreichen konnten.

Schneller Läufer

Die Säbelzahnkatze ***Smilodon*** war so groß wie ein Löwe und lebte während der letzten Eiszeit. Sie erbeutete Hirsche, Kamele, Pferde und andere Tiere. Wahrscheinlich lauerte sie ihren Opfern auf, aber sie konnte vermutlich auch bis zu 48 km/h schnell rennen.

Rasanter Flieger

Der riesige Vogel ***Pelagornis*** war einer der schnellsten Flieger aller Zeiten. Er hatte eine Flügelspanne wie ein Schulbus. Mit Computermodellen konnte wissenschaftlich errechnet werden, dass er im Flug 64 km/h erreichte.

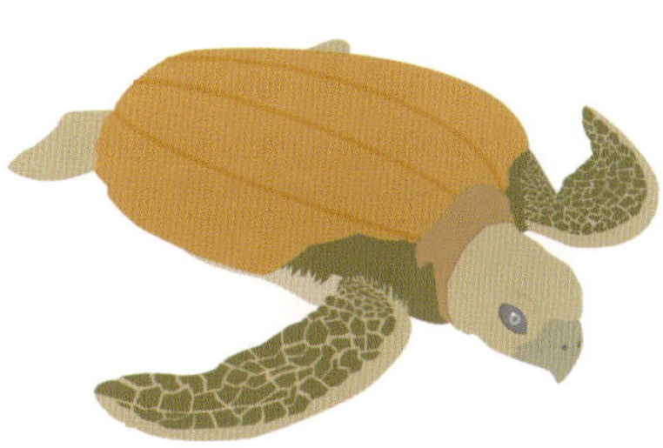

Archelon

Die **Meeresschildkröte** war so groß wie ein Auto und hatte einen lederartigen Panzer, ähnlich wie eine heutige Lederschildkröte. Sie lebte vor 75 Millionen Jahren und paddelte mit ihren Flossen.

Machimosaurus

Mit seinen riesigen Kiefern konnte dieses **Meereskrokodil** Schildkrötenpanzer knacken. Es wurde 7 m lang, war eines der größten Krokodile aller Zeiten und lebte vor etwa 120 Millionen Jahren.

Arctotherium

Dieses bis 3 m hohe Tier war der größte **Bär** aller Zeiten. Er lebte vor etwa 2 Millionen Jahren in Südamerika. Mit seinen kräftigen Kiefern konnte er Knochen knacken. Vielleicht erbeutete er sogar Säbelzahnkatzen.

Fantastische Fossilien

Die meisten Tiere und Pflanzen der Urzeit sind wieder ausgestorben und kein Mensch hat sie jemals zu Gesicht bekommen. Die Fossilien einiger Arten blieben jedoch erhalten und bieten uns ein Fenster in eine vergangene Welt.

Diese Kalksteinplatte enthält unzählige versteinerte Ammonitenschalen. Diese Verwandten der Tintenfische jagten in den Meeren der Urzeit. Vor 66 Millionen Jahren starben sie wie auch fast alle Dinosaurier aus.

WIE SIND FOSSILIEN ENTSTANDEN?

Das meiste, was wir über die Dinosaurier wissen, entnehmen wir ihren Fossilien, die Jahrmillionen im Boden lagen. Im Lauf der langen Zeit ersetzten Mineralien die ursprünglichen Gewebe und verwandelten sie in Stein. Das kann aber nur geschehen, wenn das Gewebe nicht schnell verwest. Die meisten Fossilien sind deshalb versteinerte Zähne und Knochen, die härtesten Körperteile. Nur selten sind Weichteile wie Haut und Organe oder Federn versteinert. Solche seltenen Funde verraten uns viel über das Aussehen der Tiere.

Meistens geschieht die Versteinerung im Wasser, deshalb sind Fossilien von Landtieren viel seltener als die von Meerestieren. Ein Dinosaurier muss an einem Ort sterben, wo er bald verschüttet wird und Wasser in seine Überreste einsickern kann, sodass sie durch Mineralien ersetzt werden.

Ein Dinosaurier starb
Die meisten toten Tiere werden bald von Aasfressern beseitigt. Dieser Dino fiel jedoch in einen Fluss, wo sein Körper rasch mit Schlamm bedeckt wurde. Weil im Schlamm kaum Sauerstoff enthalten war, verweste er nur langsam und die Knochen versteinerten.

Sedimente lagerten sich ab
Sand und Schlamm lagerten sich am Grund ab und bedeckten den Körper des Dinos mit weiteren Sedimentschichten. Ihr Gewicht drückte die Schicht mit dem Skelett zusammen. Sie verwandelte sich allmählich in Sedimentgestein.

INTERESSANT!

Besucher des Dinosaur National Monument in Utah (USA) können 1500 versteinerte Dinoknochen bestaunen, die im 150 Millionen Jahre alten Sandstein eingebettet sind.

Fossil eines Dino-Schädels

Obwohl 98 Prozent der Antarktis heute von einem Eisschild bedeckt sind, konnte man hier fünf Dinosaurierarten nachweisen, auch den großen Raubsaurier *Cryolophosaurus*.

Cryolophosaurus

Die schönsten Fossilien findet man in sehr feinkörnigen Gesteinen. Oft sind winzige Details erhalten geblieben. Die ersten versteinerten Federn fand man im feinen Kalkstein bei Solnhofen in Süddeutschland.

Ein Fossil in Sandstein

Versteinerung

Während sich der Schlamm in Stein verwandelte, sickerten Mineralien, die im Grundwasser gelöst waren, in die Knochen ein. Allmählich ersetzten sie das tote Gewebe, aber die Form blieb erhalten. Bei manchen Fossilien sind sogar winzige Strukturen zu erkennen.

Entdeckung

Jahrmillionen nach dem Tod des Dinos wurde das Gestein durch Erosion abgetragen und die Fossilien liegen nun an der Oberfläche. Ein Fossiliensammler entdeckt sie, bevor auch sie verwittern. Experten oder Expertinnen untersuchen sie, legen die Knochen sorgfältig frei und dokumentieren ihre Lage.

WELCHE FOSSILIENTYPEN **GIBT ES?**

Typische Fossilien sind versteinerte Knochen, Zähne oder Schalen, aber es gibt auch andere Versteinerungen. Bei manchen handelt es sich um Abdrücke von Körperteilen, wie z. B. Schalen. Andere, wie Nahrungsreste, liefern uns Hinweise auf die Lebensweise eines Tiers. Selten ist der ganze Körper erhalten, wie der dieser Fliege in Bernstein.

Die abgelagerten Mineralien bilden Gestein.

Der Körper ist versteinert, doch die DNA und andere Moleküle sind selten erhalten.

Ein Theropode mit drei Zehen hat diesen Fußabdruck einst im Schlamm hinterlassen.

Steinkern
In Wasser gelöste Mineralien lagern sich in einem Hohlraum wie z. B. einer Schale ab und bilden allmählich einen Steinkern. Dieses Fossil eines Ammoniten, eines ausgestorbenen Tintenfischverwandten, entstand auf diese Weise.

Bernstein
Diese urzeitliche Fliege blieb vor Jahrmillionen an Baumharz kleben, das im Lauf der langen Zeit allmählich zu Bernstein wurde. Jedes Detail des kleinen Insekts ist noch immer zu erkennen, sogar die zarten Flügel und Fühler.

Spurenfossil
Manchmal sind nur die Fußspuren eines Tiers versteinert. Sie sind jedoch wertvolle Hinweise, denn Forschende können herausfinden, wie sich ein Tier bewegt hat und ob es in einer Gruppe oder Herde lebte.

INTERESSANT!

Auch Pflanzenteile können versteinern. Manchmal sind ganze Baumstämme urzeitlicher Wälder erhalten geblieben. Die Bäume liegen heute immer noch dort, wo sie einst umstürzten.

Sogar die Wachstumsringe sind noch zu erkennen

Die Körper von Tieren der Eiszeit, wie dieses Mammutbaby, fand man im gefrorenen Boden der Arktis. Weil ihr Körper innerhalb weniger Tage gefror, sind auch weiche Teile erhalten, wie Fell oder die letzte Mahlzeit.

Mammuts hatten ein langes Fell, das ihren Körper wärmte.

Dieser Koprolith aus Nordamerika ist 70 Millionen Jahre alt.

Koprolith

Auch Kot kann versteinern. Man nennt solche Fossilien Koprolithe, und sie enthalten oft Teile unverdauter Nahrung. Forschende zerlegen sie, um herauszufinden, was ein Dinosaurier gefressen hat.

Man erkennt deutlich, dass der Körper des Trilobiten aus Segmenten bestand.

Abdruck

Wenn ein Tier in Schlamm einsinkt und der Schlamm später versteinert, bleibt der Körper selbst manchmal nicht erhalten, wohl aber der Abdruck, den er im Schlamm hinterlies. An solchen Fossilien erkennt man oft kleinste Details.

Die Pollenkörner sind abgesehen von den Farbstoffen sehr gut erhalten.

Erhaltung in Torf

Im Torf eines Moors sind oft Jahrtausende alte Pflanzenteile erhalten. Torf enthält auch winzige Pollenkörner, die man unter dem Mikroskop bestimmen kann, um herauszufinden, welche Pflanzen früher dort wuchsen.

Die längste
Dinosaurierfährte
an dieser Wand ist
347 m lang.

DINOSAURIERFÄHRTEN

In dieser Felswand in Cal Orcko (Bolivien) sind Tausende Fußspuren von Dinos zu sehen, die vor 698 Millionen Jahren am Ufer eines Sees durch den Schlamm liefen. Im Lauf der Zeit versteinerte der Schlamm. Die Verschiebung der Platten der Erdkruste, bei der sich die Anden auffalteten, brachte die Steinplatte in eine fast senkrechte Stellung. Heute befindet sich hier ein Steinbruch. Man erkennt die Spuren von mindestens sechs verschiedenen Dino-Arten, die in verschiedene Richtungen liefen.

WIE LANGE DAUERT EINE AUSGRABUNG?

Es erfordert viel Erfahrung, Sorgfalt und Geduld, Fossilien freizulegen. Bevor die Knochen aus dem umliegenden Gestein präpariert werden, wird ihre Lage genau dokumentiert, denn sie kann wichtige Hinweise auf den Körperbau oder die Todesursache des Tiers liefern. Später verpacken Spezialisten die Fossilien sorgfältig und transportieren sie ins Labor. Dort werden sie ausgepackt, gereinigt und zerbrechliche Knochen stabilisiert, damit sie nicht zerfallen. Manchmal dienen Abgüsse für eine Skelettrekonstruktion, die dann in einem Museum gezeigt wird.

DINOSAURIERFORSCHUNG

Jedes neu entdeckte Fossil kann Hinweise liefern, die eine bisher anerkannte wissenschaftliche Theorie widerlegen. Als man z. B. die ersten Fossilien des Pflanzenfressers *Iguanodon* fand, nahm man an, dass ein sonderbarer Stachel ähnlich dem Horn eines Nashorns auf der Schnauze des Tiers saß. Später stellte sich heraus, dass es sich um einen Daumenstachel handelte.

Wahrscheinlich nutzte *Iguanodon* seine Daumenstacheln zur Verteidigung.

Die Freilegung eines großen Fossils kann mehrere Monate oder sogar Jahre dauern.

Viele Dinosaurierfossilien wurden zufällig entdeckt. Sie kamen durch die natürliche Erosion des Gesteins oder in einem Steinbruch zum Vorschein. Ist belegt, dass sich in einem Gebiet Fossilien befinden, suchen Experten dort häufig nach weiteren Spuren. An einigen berühmten Fundstätten, wie bei den „Flaming Cliffs" in der Wüste Gobi (Mongolei) fand man dadurch Hunderte Fossilien.

In der Wüste Gobi kamen durch die Erosion 75 Mio. Jahre alter Gesteine viele Fossilien zutage, wie die des vogelähnlichen Dinosauriers *Oviraptor* sowie seiner Eier.

Die Eier von *Oviraptor* waren lang und schmal.

INTERESSANT!

Obwohl die meisten Fossilien aus Stein bestehen, sind sie zerbrechlich. Bevor man sie in ein Labor transportiert, werden sie in Papier oder Gips verpackt.

Dieses Fossil wird eingegipst, ähnlich wie ein gebrochenes Bein.

Fundgebiete bei Zhucheng in China waren bisher am ergiebigsten. Hier legte man etwa 7600 Dinosaurierknochen frei, auch die von *Sinoceratops*, einem asiatischen Verwandten des berühmten *Triceratops*.

Sinoceratops

Seit 70 Millionen Jahren kämpfen diese beiden Dinos miteinander.

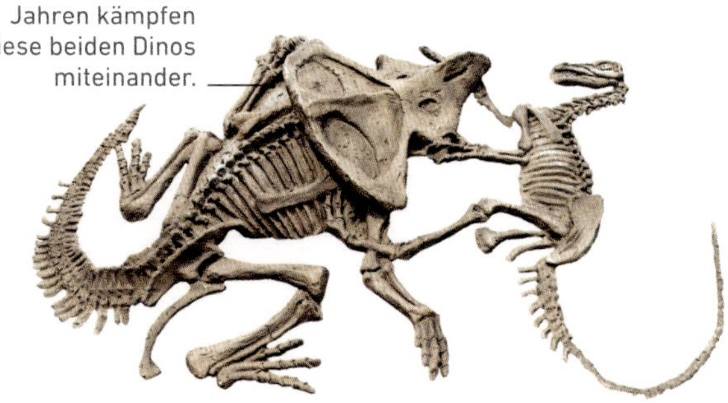

1971 fand man in der Wüste Gobi ein spannendes Fossil: das Skelett eines *Velociraptor*, dessen Kralle in der Kehle eines *Protoceratops* steckt. Die beiden starben offenbar im Kampf und wurden bald mit Schlamm oder Sand bedeckt.

Menschen der Eiszeit bauten Hütten aus Knochen und Stoßzähnen von Mammuts.

MAMMUTKNOCHEN

Einige der ergiebigsten Fundstätten waren einst Orte, zu denen es viele Tiere zog. Hier in South Dakota (USA) werden die Überreste eines Mammuts an der Stelle freigelegt, wo sich in der Urzeit ein Dolinensee mit steilen Ufern befand. Während der letzten Eiszeit lockte das Wasser durstige Bären, Wölfe und Mammuts an. Sie ertranken aufgrund der steilen Seeufer und wurden von Schlamm bedeckt, der später versteinerte.

ERFORSCHUNG VON KOT

Einige Wissenschaftler und Forscherinnen untersuchen ausschließlich versteinerten Kot. Er liefert entscheidende Hinweise auf die Nahrung der urzeitlichen Tiere und ihr Verhalten. Außerdem verrät er, welche Pflanzen zu Lebzeiten des Tiers in seinem Lebensraum wuchsen.

Koprolithensammlung

WIE GROSS WAR DINOSAURIER-KOT?

Dinosaurierkot hatte alle möglichen Formen und Größen, und versteinerten Kot – sogenannte Koprolithe – hat man auf allen Kontinenten gefunden. Der größte Haufen war 67,5 Zentimeter lang. Er wurde in South Dakota (USA) freigelegt und stammt von einem großen Fleischfresser, höchstwahrscheinlich von *Tyrannosaurus rex*, dessen versteinerte Knochen man in denselben Gesteinsschichten freilegte. Der Kotfund trägt den Spitznamen „Barnum“, denn der Paläontologe Barnum Brown entdeckte ihn.

INTERESSANT!

1829 prägte der Wissenschaftler William Buckland die Bezeichnung „Koprolith“: Die englische Paläontologin Mary Anning hatte an der Südküste Englands neben Fossilien eines Ichthyosauriers einige seltsame Steinklumpen gefunden. Als sie sie untersuchte, stellte sie fest, dass sie Fischknochen enthielten. Es war versteinerter Kot!

Mary Anning

2021 entdeckten Experten und Expertinnen in versteinertem Kot, der etwa 230 Millionen Jahre alt war und vermutlich vom Dinosauriervorfahren *Silesaurus opolensis* stammt, eine neue Käferart. Der kleine, flinke Jäger fraß vermutlich Pflanzen und Tiere.

Silesaurus war etwa 2 m lang.

Koprolithe wie dieser hier können unterschiedlich gefärbt sein, je nachdem, wie und wo sich das Fossil bildete. Manchmal kann man herausfinden, von welcher Tierart der Kot stammt. Enthält er viele Knochen und ist riesig, ist es wahrscheinlich, dass *T. rex* vor 66 Millionen Jahren den rekordverdächtigen Haufen hinterlassen hat.

Der größte Koprolith ist so lang wie 7 Klopapierrollen nebeneinander.

INTERESSANT!

2015 untersuchte man einen versteinerten Flugsaurier, in dessen Körper sich noch Kot befand. Dieser enthält die Überreste eines Kalmars, den der Saurier im Meer gefangen hatte.

Einige Koprolithe sind so groß, dass ganze Knochen in ihnen erhalten sind. Manche tragen Bissspuren, die der Jäger seiner Beute beigebracht hatte, bevor er sie verschlang.

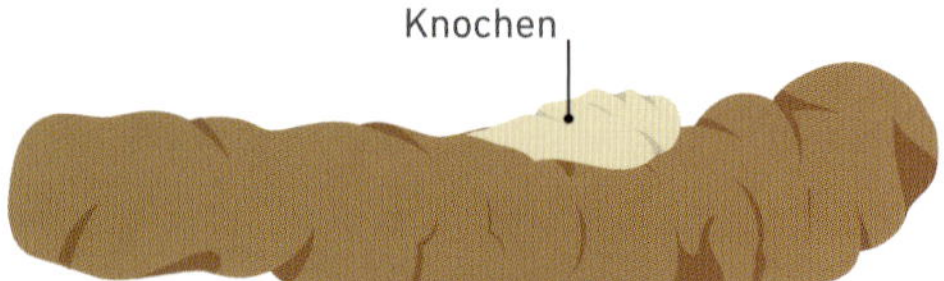

Zur Erforschung werden Koprolithe in dünne Scheiben gesägt und unter einem Mikroskop untersucht. So können winzige Pollenkörner, Pilzsporen oder größere Nahrungsbestandteile wie Samen, Körperteile von Insekten, Schalen und Knochenstücke identifiziert werden.

Man hat die Überreste von Bandwürmern und ihren Eiern in Koprolithen entdeckt. Das zeigt, dass auch Dinos von Parasiten geplagt wurden, die in ihrem Darm lebten.

Manche Pflanzenteile sind schwer verdaulich und wandern fast unversehrt durch den Darm. An ihnen kann man genau erkennen, was ein Pflanzenfresser verzehrt hat.

WAS FINDET MAN IN DINO-KOT?

Anhand von Dino-Zähnen kann man feststellen, was diese jeweils gefressen haben. Die Nahrungsreste in Koprolithen (versteinertem Kot) verraten uns aber noch viel mehr. Manche enthalten Reste von Pflanzen oder Insekten, während in anderen die Überreste größerer Beutetiere versteinert sind. Selten sind sogar Parasiten erhalten, die im Körper der Dinos lebten. Doch weil fast nie Koprolithen direkt neben dem Dino gefunden wurde, der den Kot hinterlassen hat, findet man selten heraus, von wem dieser stammt.

Harte Körperteile von Käfern und anderen Insekten sind in einigen Koprolithen gut erhalten. Sie liefern uns wertvolle Informationen über die Insekten der Urzeit.

Knochenteile, die man in einem großen Koprolithen findet, lassen vermuten, dass der Kot von einem Raubsaurier wie *T. rex* stammte.

SPUREN IN BERNSTEIN

Versteinertes Baumharz nennt man Bernstein. In ihm können Insekten eingeschlossen sein, die vor Jahrmillionen am Harz kleben blieben und ebenfalls versteinerten. Einige der unglücklichen Tiere wurden vom Wind verweht und blieben am Harz kleben. Gas entwich aus ihrem winzigen Körper, und noch heute sind die Bläschen im Bernstein zu erkennen.

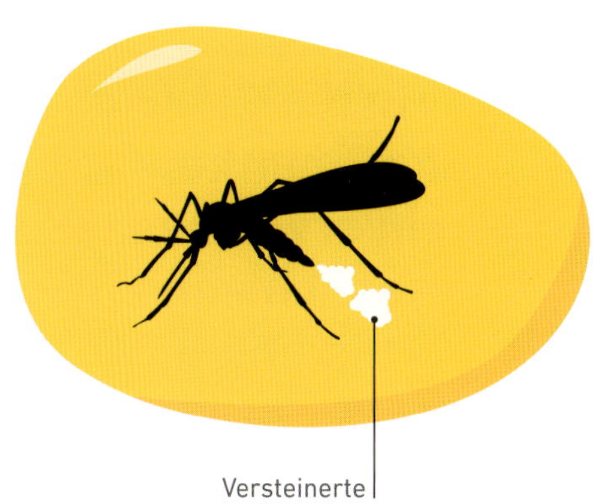

INTERESSANT!

In einem ausgetrockneten Flussbett in Texas (USA) entdeckte man 2022 etwa 113 Millionen Jahre alte versteinerte Fußspuren. Man erkennt, dass ein riesiger *Sauroposeidon* von *Acrocanthosaurus*, einem Verwandten von *Tyrannosaurus*, verfolgt wurde.

Dreizehige Spur von *Acrocanthosaurus*

In die größte Dino-Spur kann sich ein erwachsener Mensch aufrecht hineinlegen.

WELCHE DINO-FUSSSPUR IST AM GRÖSSTEN?

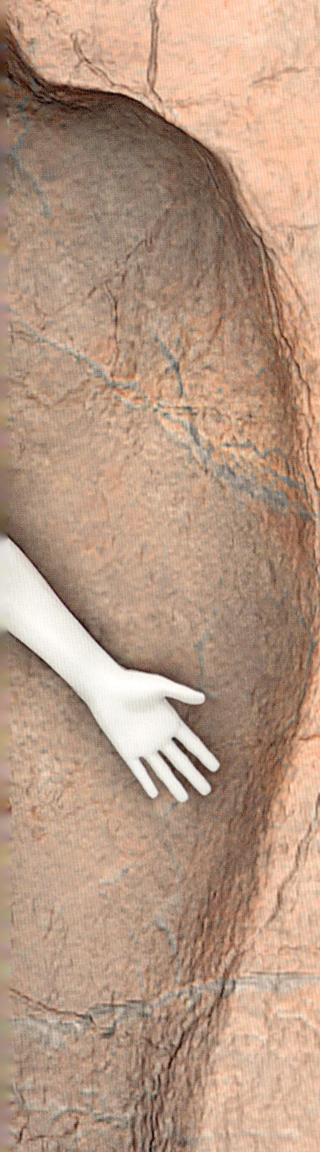

Nicht nur die Knochen und Zähne der Dinos sind versteinert, sondern auch ihre Fußspuren. Sie erzählen uns viel über die Lebensweise der Dinos. Weil man Fährten gefunden hat, die sich kreuzen, wissen wir, dass manche Dinosaurierarten in Herden unterwegs waren. Man kann auch erkennen, dass sie ihre Jungen beschützten, indem sie sie in ihre Mitte nahmen. Die Abstände der Spuren geben Hinweise, wie schnell ein Tier lief. Liegen sie nah beisammen, lief der Dino langsam, sind sie weit voneinander entfernt, rannte er.

In einer Fundstätte im westlichen Australien entdeckte man 2017 Tausende Dinosaurierspuren, die von 21 verschiedenen Tieren stammen. Einer der Abdrücke ist 1,7 m lang und der größte bisher bekannte Fußabdruck. Er stammt vom Hinterfuß eines riesigen, etwa 5 m hohen Sauropoden.

VERRÄTERISCHE SPUREN

Jede Dino-Gruppe hinterließ charakteristische Spuren. In der Paläontologie kann deshalb anhand der Form und Zahl der Zehen sowie der Abstände der Spuren die jeweilige Dino-Art ermittelt werden.

Sauropoden waren die Schwergewichte unter den Dinos. Sie hinterließen riesige runde, tief eingedrückte Spuren. Die ihrer Vorderfüße waren kleiner.

Theropoden waren flinke Jäger. Sie hatten schlanke Zehen mit Krallen, die typische V-förmige Abdrücke hinterließen.

An ihren Fußspuren kann man erkennen, dass **Ornithopoden** keine Krallen besaßen. Die Zehen waren abgerundet und stärker gespreizt als die der Theropoden.

Die Spuren der **Ankylosaurier** sind tief eingedrückt. Man erkennt, dass sie 3 oder 4 Zehen und 5 Finger besaßen.

Ceratopsier hatten 4 Zehen und 5 Finger. Ihre Spuren waren rundlicher als die der Ankylosaurier.

INTERESSANT!

Die ersten Dinosaurier fraßen wahrscheinlich vielfältige Nahrung. Aus ihnen entwickelten sich spezialisiertere Räuber wie *Herrerasaurus* und Pflanzenfresser wie *Thecodontosaurus*.

Thecodontosaurus

Der Schwanz von *Nyasasaurus* war wahrscheinlich halb so lang wie sein restlicher Körper.

WELCHES DINO-FOSSIL IST AM ÄLTESTEN?

Jedes Jahr gewinnt die Wissenschaft neue Erkenntnisse über die Dinos und unsere Vorstellung von ihrem Aussehen und ihrer Lebensweise verändert sich. Früher dachte man, dass sie sich vor etwa 230 Millionen Jahren entwickelten, aber eine Entdeckung von 2012 lässt nun vermuten, dass es bereits 10 bis 15 Millionen Jahre früher geschah. Die ersten Dinos waren wahrscheinlich kleine Räuber, die auf ihren Hinterbeinen liefen und mit ihren Händen Beute packten. Damals gab es auf der Erde noch nicht viele dieser Tiere. Vor 201 Millionen Jahren, zu Beginn des Jura, entwickelten sich etliche neue Dinosaurierarten.

Im heutigen Tansania entdeckte man um 1930 *Nyasasaurus*, von dem man nur einen Oberarmknochen und sechs Wirbelknochen kennt. Sie lagerten mehr als 50 Jahre lang im Natural History Museum in London (England). Erst 2012 untersuchte man die Fossilien erneut. Sie sind etwa 243 Millionen Jahre alt und jene von *Nyasasaurus* somit die ältesten Dino-Fossilien, die man bisher kennt.

DIE ARCHOSAURIER

In der frühen Trias vor etwa 240 Millionen Jahren beherrschten krokodilähnliche Reptilien, die Archosaurier, die Erde. Zu dieser vielfältigen Gruppe gehörte der kräftig gebaute *Postosuchus*, der zu seiner Zeit ein Räuber an der Spitze der Nahrungskette war. Andere, wie *Marasuchus*, waren kleine, schlanke und flinke Tiere. Die Dinosaurier, Flugsaurier und Krokodile entwickelten sich aus Archosauriern. Weil die Gruppen ähnliche Merkmale haben, sind sie oft schwer auseinanderzuhalten

Postosuchus zerteilte seine Beute mit seinem scharfen, gesägten Schnabel.

Postosuchus

Marasuchus war nur 70 cm lang.

Marasuchus

WURDE JE EIN VOLLSTÄNDIGES **SKELETT GEFUNDEN?**

Tyrannosaurus rex ist einer der bekanntesten Dinos, und kein Skelett ist so berühmt wie das von Sue. Man entdeckte es 1990 auf einer Ranch in South Dakota (USA) und konnte fast alle Knochen des Tiers freilegen. Sie belegen, wie gewaltig diese Raubsaurier waren.

Der Schädel wiegt 272 kg und kann deshalb nicht an der Skelettrekonstruktion befestigt werden. Er wird getrennt aufbewahrt und an seiner Stelle befindet sich ein leichterer Abguss.

Mit etwa 12 m Länge und 4 m Höhe ist Sue das größte Skelett eines *Tyrannosaurus rex*, das man bisher kennt. Als die Mitarbeiter und Mitarbeiterinnen des Museums es untersuchten, fanden sie heraus, dass Sue wild gekämpft haben muss. Sie hatte gebrochene Rippen, ein verletztes Schulterblatt und mehrere Löcher im Unterkiefer.

INTERESSANT!

Trotz des Namens weiß man nicht mit Sicherheit, ob Sue männlich oder weiblich war. Sie wurde nach der Paläontologin Sue Hendrickson benannt, die die Knochen entdeckte, weil sie aus der Abruchwand eines Abhangs ragten.

Einen *Triceratops*, der in der späten Kreidezeit starb, entdeckte man 2014 in Montana (USA). Paläontologen legten mehr als 260 Knochen frei und somit etwa 85 Prozent des Skeletts. Dieses Tier namens Horridus ist eines der am vollständigsten erhaltenen *Triceratops*-Fossilien der Erde.

Das linke Schienbein von Sue war doppelt so groß wie das rechte. Wahrscheinlich war eine Infektion die Ursache.

Das Skelett von Sue ist das vollständigste Dino-Skelett, das man bisher fand.

Interessant!

WICHTIGE FOSSILIEN

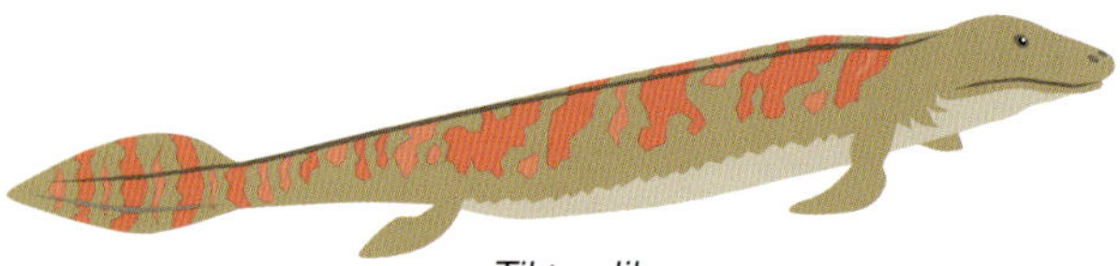

Tiktaalik

Fleischflosser

Der amphibienähnliche Fleischflosser ***Tiktaalik*** lebte vor 375 Millionen Jahren. Er hatte Merkmale eines Fischs und eines Tiers, das auf vier Beinen läuft: Neben Lungen und Kiemen besaß er beinähnliche Flossen und Schuppen, konnte also ebenso schwimmen wie sich an Land fortbewegen. Das zeigt, dass sich die Landtiere aus Fischen entwickelten.

Pakicetus

Der erste Wal

Zur Säugetiergruppe der Wale gehören Wale und Delfine. Allerdings sahen sie nicht immer so aus wie heute. Die ersten Wale, wie ***Pakicetus***, glichen eher Bären oder Wölfen und lebten an Land. *Pakicetus* lebte vor 50 Millionen Jahren im heutigen Pakistan.

Caudipteryx

Dino-Vogel

In **Liaoning in China** fand man erstaunliche Dinosaurierfossilien aus der Kreidezeit. Deshalb weiß man, dass viele Dinos Federn trugen – ein Hinweis darauf, dass sich die Vögel aus Dinosauriern entwickelt haben.

GROSSES PROJEKT

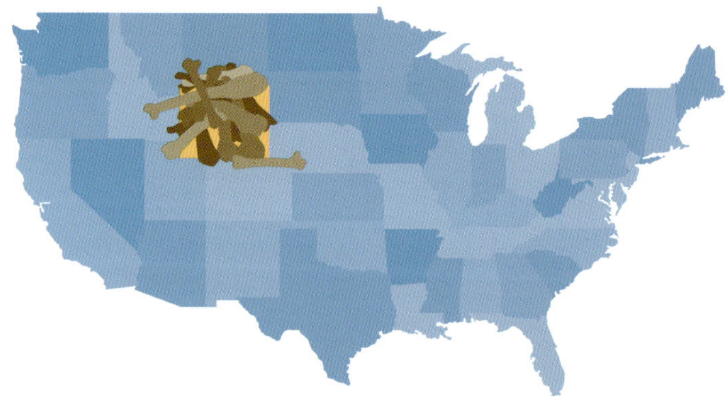

Eines der wichtigsten Grabungsprojekte der letzten Jahre ist die **„Mission Jurassic“** im nördlichen Wyoming (USA). Das Projekt startete 2019 und wird mindestens 20 Jahre andauern. Hier will man den Dinosauriern des Jura noch viele ihrer Geheimnisse entlocken.

URZEIT-WALD

Vor etwa 160 Millionen Jahren, im mittleren Jura, wuchsen riesige Araukarienwälder im heutigen Patagonien (Argentinien).

100 m hohe Bäume ragten im Gebiet **Cerro Cuadrado** auf, bis ein Vulkan ausbrach und die Landschaft verbrannte. Im Lauf der Zeit versteinerten die Baumstämme. Heute befindet sich hier das am besten erhaltene Waldökosystem aus dem Jura.

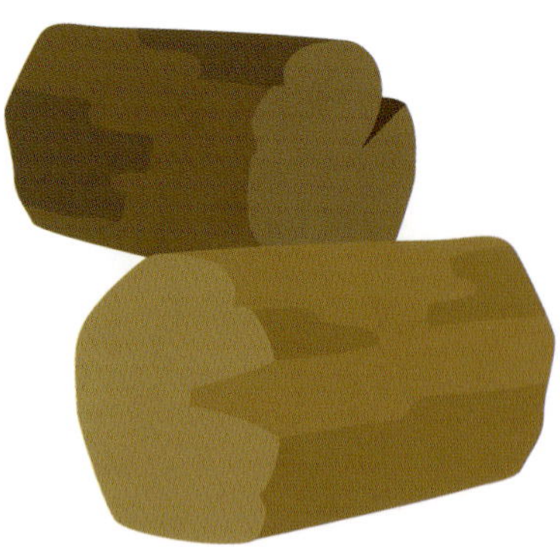

LEBENDE FOSSILIEN

Einige heute lebende Tiere haben sich in den Jahrmillionen der Evolution kaum verädert. Deshalb wissen wir, wie einige urzeitliche Tiere ausgesehen haben.

Pfeilschwanzkrebs

Trotz des Namens sind diese Tiere keine Krebse, sondern Verwandte der **Spinnen**. Seit 445 Millionen Jahren haben sie sich kaum verändert.

Quastenflosser

Die **Quastenflosser** gehören zu einer uralten Fischgruppe, die es bereits vor 360 Millionen Jahren gab. Die Forschung nahm an, sie wären vor 66 Millionen Jahren ausgestorben wie die Dinosaurier. 1938 fing jedoch ein Fischer einen heute lebenden Quastenflosser.

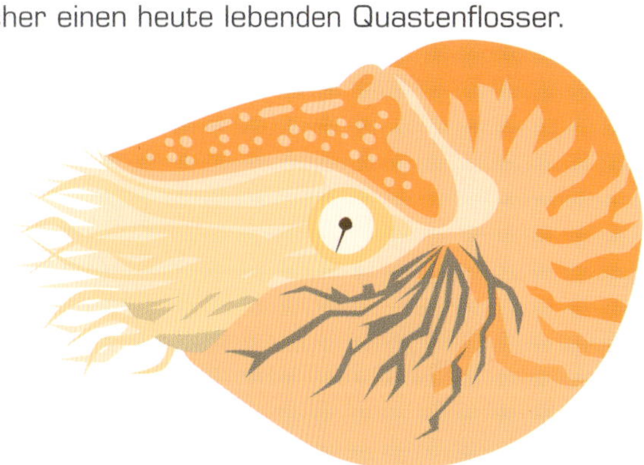

Feigenwespe

Diese **Wespen** können in zwei Tagen 160 km weit durch die Luft fliegen. Seit 60 Millionen Jahren haben sich diese winzigen Insekten fast nicht verändert.

Perlboot

Weichtiere wie das Perlboot leben schon länger auf der Erde als Insekten und Bäume. Seit fast 500 Millionen Jahren schwimmen sie in den Meeren und fangen mit ihren Tentakeln Beute.

DINO-KÄMPFE

Eines der erstaunlichsten Fossilien, das man in den letzten 20 Jahren entdeckte, ist ein *Tyrannosaurus*, der mit einem *Triceratops* kämpfte, als beide starben.

Dieses **berühmte Fossil** wurde 2006 in Montana (USA) entdeckt. Die beiden Dinos aus der Kreidezeit sind sehr gut erhalten. Man erkennt die Zähne, Hautabdrücke und sogar den Mageninhalt.

Welt der Dinosaurier

Die faszinierenden Dinosaurier lebten zu einer Zeit, in der vieles anders war als heute. Die Kontinente waren anders geformt, das Klima war wärmer und viele der heutigen Pflanzen gab es noch nicht.

Im späten Jura gab es viele Dinosaurier, wie den kleinen, flinken Jäger *Compsognathus*. Hier sammeln sich die Tiere an einem See, um zu trinken. Zur gleichen Zeit lebten auch gigantische Pflanzenfresser wie *Brachiosaurus* im selben Gebiet.

Trias vor 252 bis 201 Millionen Jahren
Während der Trias, der ersten Periode des Mesozoikums, bildeten alle Kontinente eine einzige Landmasse, die man Pangäa nennt. Das Landesinnere war so weit von den Küsten entfernt, dass sich dort riesige Wüsten erstreckten, aber an den Rändern von Pangäa wuchsen üppige Wälder.

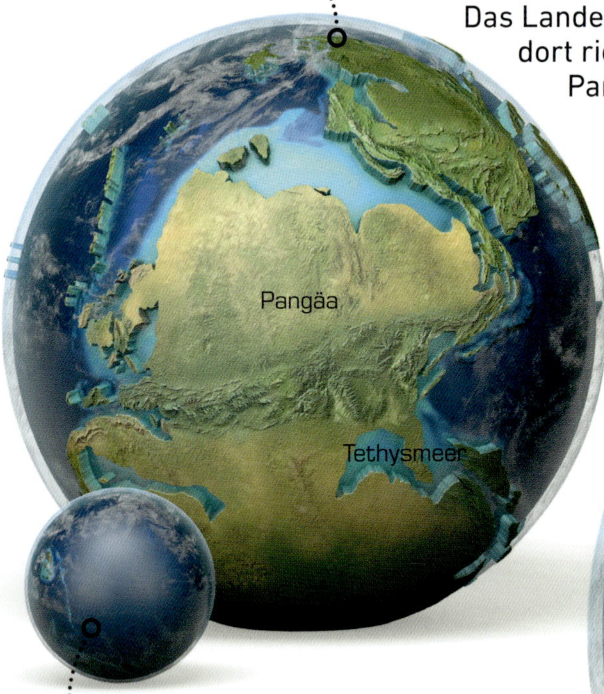

Pangäa reichte vom Nord- bis zum Südpol.

Auf der Rückseite der Erdkugel sieht man den gigantischen Ozean.

Vor etwa 150 Millionen Jahren verschwand die letzte Landbrücke zwischen den beiden Großkontinenten.

Südamerika und Afrika bildeten eine einzige große Landmasse.

Jura vor 201 bis 145 Millionen Jahren
Pangäa zerbrach in die beiden Großkontinente Laurasien und Gondwana, die durch das Tethysmeer voneinander getrennt waren. Nun gelangte feuchte Luft ins Binnenland, wo das Wasser als Regen zur Erde fiel. Wälder wuchsen in Gebieten, die vorher Wüsten gewesen waren.

INTERESSANT!

Der Atlantik wächst noch heute am Mittelatlantischen Rücken, denn Nordamerika entfernt sich jedes Jahr 2,5 cm von Eurasien.

In der Kreidezeit lagerten sich dicke Sedimentschichten am Grund tropischer Meere ab.

Dieses schöne Fossil fand man in einem Kreidekliff in Wyoming (USA).

WIE VERÄNDERTE SICH DIE ERDE IM DINOSAURIERZEITALTER?

Im Erdmittelalter oder Mesozoikum, als die Dinosaurier auf der Erde lebten, sah die Weltkarte ganz anders aus als heute. Die Platten der Erdkruste driften auf dem zähflüssigen Erdmantel und tragen die Kontinente. In der Trias bildeten alle Kontinente einen riesigen Superkontinent, der von einem gewaltigen Ozean umgeben war. Dann begann die Landmasse aufzubrechen, wodurch allmählich die heutigen Kontinente Form annahmen.

Kreide vor 145 bis 66 Millionen Jahren
In der späten Kreidezeit hatte sich der Atlantische Ozean geöffnet und Nord- und Südamerika entfernten sich von Europa und Afrika. Die Kontinente, auf denen wir heute leben, begannen sich zu formen, aber große Teile waren überflutet.

Indien brach von Afrika ab und begann nach Norden zu driften.

KONTINENTALDRIFT

1910 bemerkte der deutsche Wissenschaftler Alfred Wegener, dass die Küstenlinie von Südamerika sehr gut in die Küstenlinie von Afrika passt. Er vermutete, dass die Kontinente einst miteinander verbunden und später auseinandergedriftet waren. Keiner glaubte ihm, aber um 1960 gaben ihm neue Erkenntnisse der Plattentektonik recht.

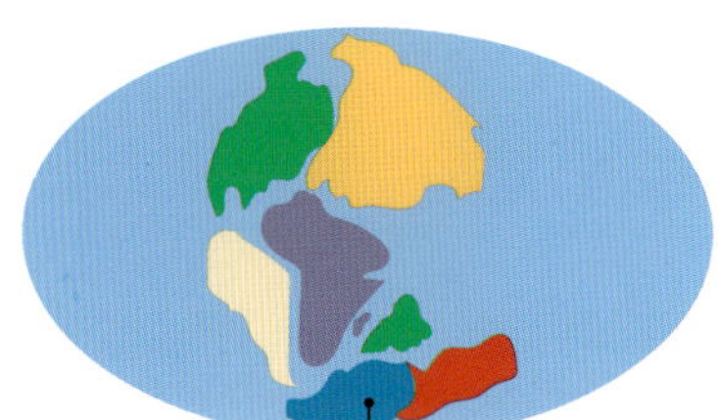

Die Kontinente passen zusammen wie die Teile eies Puzzles.

WIE SAH DIE ERDE IN DER TRIAS AUS?

In der Trias bildeten die meisten Landmassen einen Superkontinent, in dessen Mitte sich eine gewaltige Wüste ausdehnte. An den Küsten war das Klima feuchter, sodass dort Moose, Farne und Nadelbäume wachsen konnten. Aber es gab noch keine Blütenpflanzen und keine sie bestäubenden Insekten, wie Bienen und Schmetterlinge.

Thecodontosaurus
Der kleine Pflanzenfresser war einer der ersten Dinosaurier. Der Vorfahr der riesigen Sauropoden konnte auf seinen Hinterbeinen sehr schnell laufen.

Liliensternus
Dies war einer der kräftigen Fleischfresser der Trias. Er erbeutete Pflanzenfresser wie *Plateosaurus*.

Morganucodon
Dieses frühe Säugetier ähnelte einer heutigen Spitzmaus. Auch *Morganucodon* ernährte sich von Insekten und anderen kleinen Tieren.

Diphydontosaurus
Das nur 10 cm lange Reptil war ein Vorfahr der Brückenechsen, die noch heute in Neuseeland vorkommen.

Plateosaurus
Während eines großen Teils der Trias waren Prosauropoden die größten Pflanzenfresser. *Plateosaurus* wurde etwa 10 m lang.

Farne
Niedrige Farne waren für Pflanzenfresser eine wichtige Nahrungsquelle.

In der Trias lebten vor allem Reptilien auf der Erde, unter ihnen einige der ersten Dinosaurier. Es gab auch verschiedene Säugetiervorfahren, die bald wieder ausstarben. Kleine Flugsaurier flogen durch die Luft, während noch kleinere frühe Säugetiere auf der Suche nach Insekten durch den Unterwuchs huschten.

Eudimorphodon
Anders als die Flugsaurier, die sich später entwickelten, hatte *Eudimorphodon* einen langen Schwanz, einen kurzen Hals und spitze Zähne, mit denen er Fische packen konnte.

Ginkgo
Verschiedene hohe Ginkgobäume wuchsen in den Wäldern der Trias. Eine Art, *Ginkgo biloba*, gibt es noch heute.

Placerias
Dieses nilpferdartige Tier mit zwei Hauern war ein schwergewichtiger Pflanzenfresser und mit den Vorfahren der Säugetiere verwandt.

Titanoptera
Mit einer Flügelspanne von bis zu 40 cm gehörten die Titanoptera zu den größten Insekten aller Zeiten.

Im Jura bedeckten Nadelbäume, Ginkgos und Palmfarne einen großen Teil der Landmassen. Aber es gab noch keine Gräser und andere Blütenpflanzen. Im heutigen China weideten langhälsige Sauropoden die Blätter der Bäume ab und wurden von hungrigen Raubsauriern erbeutet.

Araucaria
Diese Nadelbäume waren urzeitliche Verwandte der heutigen Araukarien und im Jura weit verbreitet. Einige wurden enorm hoch, sodass ihr zähes Laub außerhalb der Reichweite der größten Pflanzenfresser war.

Sinraptor
Dieser entfernte Verwandte des furchterregenden *Allosaurus* wurde 8 m lang. Auf der Suche nach Beute streifte er im späten Jura in China durch die Wälder.

Farne und Schachtelhalme
Weil es noch keine Gräser gab, war der Boden mit blütenlosen Pflanzen wie Moosen, Farnen und Schachtelhalmen bedeckt.

Docofossor
Wie die meisten frühen Säugetierverwandten war *Docofossor* klein im Vergleich zu den Dinos. Er wurde nur 9 cm lang und lebte ähnlich wie ein heutiger Maulwurf vor allem unter der Erde.

Huayangosaurus
Der Stegosaurier war mit 4 m Länge der kleinste bekannte Stegosaurier und ein Verwandter des viel größeren *Stegosaurus*. Er trug ähnliche schützende Stacheln und Platten.

WIE SAH DIE ERDE IM JURA AUS?

Die Trias endete mit einem Massenaussterben, bei dem die Hälfte aller Tierarten für immer von der Erde verschwand. Einige Dinosaurier überlebten jedoch und ihre Nachkommen beherrschten im Jura die Erde. Der Superkontinent Pangäa brach in zwei durch einen Ozean voneinander getrennte Landmassen auf. Das Klima war nun feuchter und milder, sodass üppige Farnwälder sich ausbreiten konnten. Farne waren die Nahrung der ersten wirklich großen Pflanzenfresser.

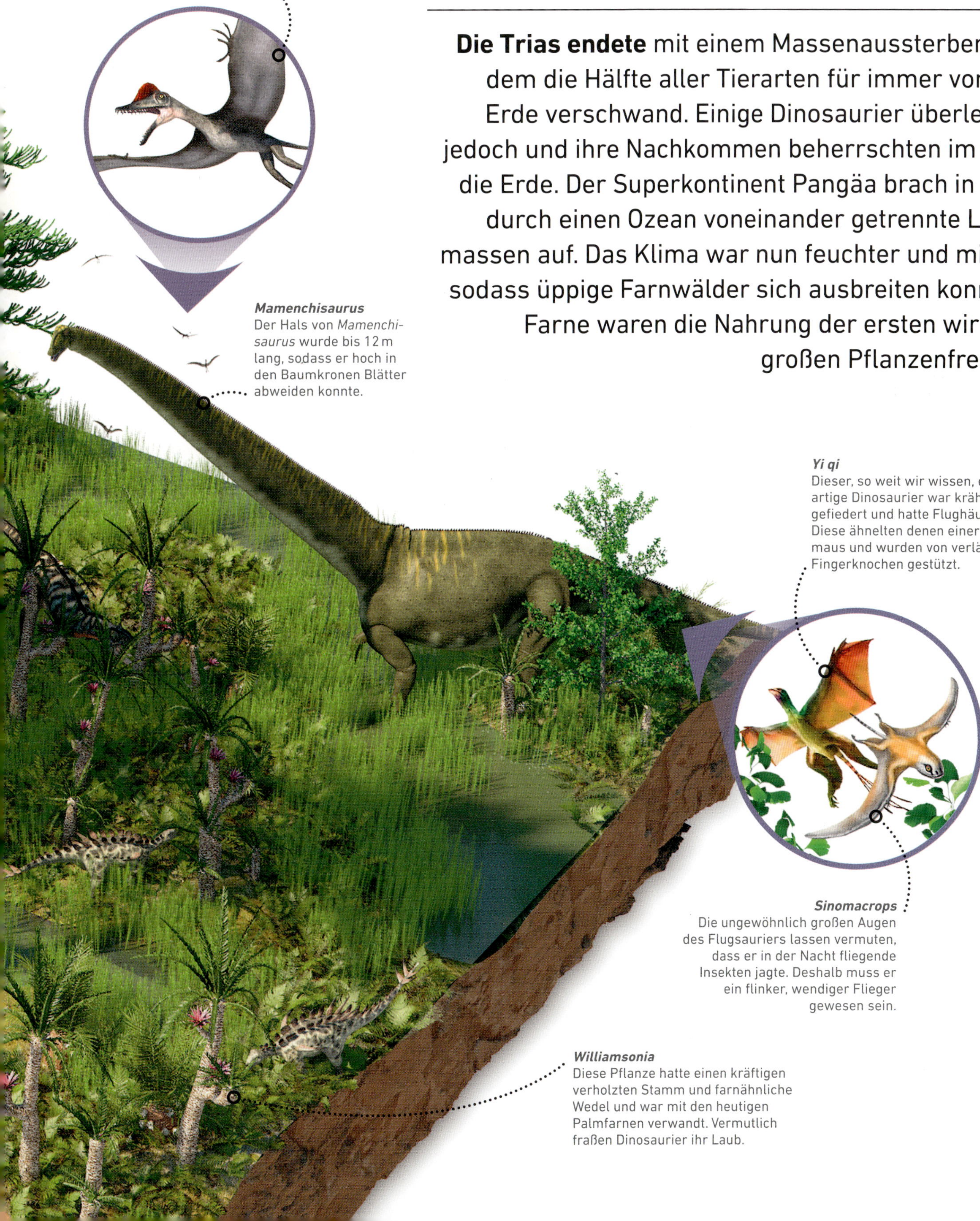

Kunpengopterus
Der kleine Flugsaurier hielt sich mit den Fingern und dem ihnen gegenüberstehenden Daumen an Ästen fest. Er war das erste bisher bekannte Tier mit einem solchen Daumen.

Mamenchisaurus
Der Hals von *Mamenchisaurus* wurde bis 12 m lang, sodass er hoch in den Baumkronen Blätter abweiden konnte.

Yi qi
Dieser, so weit wir wissen, einzigartige Dinosaurier war krähengroß, gefiedert und hatte Flughäute. Diese ähnelten denen einer Fledermaus und wurden von verlängerten Fingerknochen gestützt.

Sinomacrops
Die ungewöhnlich großen Augen des Flugsauriers lassen vermuten, dass er in der Nacht fliegende Insekten jagte. Deshalb muss er ein flinker, wendiger Flieger gewesen sein.

Williamsonia
Diese Pflanze hatte einen kräftigen verholzten Stamm und farnähnliche Wedel und war mit den heutigen Palmfarnen verwandt. Vermutlich fraßen Dinosaurier ihr Laub.

WIE SAH DIE ERDE IN DER KREIDE-ZEIT AUS?

In der Kreidezeit, die 79 Millionen Jahre dauerte, begannen die Großkontinente des Jura zu zerbrechen. Tierpopulationen, die voneinander getrennt wurden, entwickelten sich unterschiedlich weiter, sodass bald viele neue Dinosauriertypen und auch viele andere Tiere die Landschaften besiedelten. Inzwischen gab es Blütenpflanzen und Insekten, die ihre Blüten bestäubten.

In Nordamerika teilte ein seichtes Meer den Kontinent dort, wo sich heute die Prärie erstreckt. In der späten Kreidezeit jagten große Raubsaurier wie *Albertosaurus* Pflanzenfresser, während spektakuläre Flugsaurier über ihren Köpfen flogen.

Urwelt-Mammutbaum
Der Baum war ein Verwandter der Riesenmammutbäume, die heute in Kalifornien (USA) wachsen, allerdings war er kleiner.

Ginkgo
Diese Bäume entwickelten sich 40 Millionen Jahre vor den ersten Dinosauriern. Es gab viele verschiedene Arten.

Albertosaurus
Der nahe Verwandte des größeren, viel kräftigeren *Tyrannosaurus* war ein flinker Räuber mit mächtigen Kiefern, der im heutigen Kanada durch die Wälder und Ebenen streifte und nach Beute Ausschau hielt.

Triceratops
Dieser elefantengroße Pflanzenfresser trug drei lange Hörner am Kopf, mit denen er sich verteidigen konnte, auch gegen große Räuber wie *Albertosaurus*.

Blütenpflanzen
Die besonders auffälligen Magnolien gehörten zu den ersten Blütenpflanzen. Sie lockten Insekten an, die Pollen fraßen. Wenn sie dann andere Magnolienblüten besuchten, bestäubten sie diese.

Bienen und Hummeln
Es gab nun duftende Blüten, die zuckerhaltigen Nektar enthielten und somit noch attraktiver für bestäubende Insekten waren. Vor etwa 130 Millionen Jahren entwickelten sich aus Wespen die ersten Bienen.

Didelphodon
Dieses Beuteltier, das einem Opossum ähnelte, war eines der größten Säugetiere der Kreidezeit. Es war wahrscheinlich ein Jäger und Aasfresser. Mit seinen langen, spitzen Eckzähnen und den großen Backenzähnen konnte es kleine Knochen zermalmen.

Struthiomimus
Dieser langbeinige straußenähnliche Theropode nahm mit seinem zahnlosen Schnabel vielfältige Nahrung auf. Vielleicht sammelte er am Strand angespülte tote Tiere ein.

WAS GESCHAH MIT DEN DINOSAURIERN?

Das Mesozoikum endete vor 66 Millionen Jahren. Bei einem Massenaussterben verschwanden all die riesigen Tiere und auch viele kleinere Arten für immer. Zu dieser Zeit schlug ein gewaltiger Asteroid dort ein, wo sich heute Mexiko befindet, und verursachte eine gewaltige Explosion. Alles Leben im weiten Umkreis wurde augenblicklich ausgelöscht und die Auswirkungen waren auf der ganzen Erde verheerend.

Der Asteroid, der auf der Erde einschlug, hatte mindestens 10 km Durchmesser, so viel wie die Stadt San Francisco (USA) und bewegte sich etwa 130 000 km/h schnell fort. Bei seinem Einschlag wurde die Bewegungsenergie sofort in Wärme umgewandelt. Der Asteroid verdampfte bei einer Explosion, die derjenigen von 2 Millionen Atombomben gleichkam.

WICHTIGE ENTDECKUNG

Weltweit befindet sich im Gestein eine dünne, 66 Millionen Jahre alte Schicht, deren Bedeutung erst 1980 geklärt wurde. Der amerikanische Wissenschaftler Luis Alvarez und sein Sohn Walter fanden heraus, dass in ihr viel Iridium enthalten ist, ein Metall, das auf der Erde selten, aber in Asteroiden häufig vorkommt. Sie vermuteten, dass diese Schicht aus Staub besteht, der beim Einschlag eines gewaltigen Gesteinsbrockens aus dem Weltall aufgewirbelt wurde.

Der Gesteinsbrocken war etwa so groß und so schwer wie der Mount Everest.

75% der Tiere starben wohl bereits wenige Stunden nach dem Einschlag.

GEWALTIGE EXPLOSION

Der riesige Asteroid, der die Dinosaurier ausrottete, schlug an der Nordküste der mexikanischen Halbinsel Yucatán ein. Die Explosion, die der Einschlag auslöste, vernichtete alles Leben in der Region, und seine Stoßwellen lösten gewaltige Tsunamis aus, die um die Erde rasten und die Küsten überschwemmten. Billiarden Tonnen Staub und Wasserdampf wurden in die Atmosphäre geschleudert und schirmten das Sonnenlicht ab, sodass sich das Klima auf der ganze Erde veränderte. Der Einschlagkrater ist 180 km breit und befindet sich heute einen Kilometer unter der Erdoberfläche.

Geschmolzenes, in die Luft geschleudertes Gestein löste weltweit Brände aus.

INTERESSANT!

Viele Beuteltiere vor allem in Nordamerika und Eurasien starben bei der Katastrophe aus. In Südamerika jedoch überlebten einige und in Australien entwickelten sie sich sogar zu den vorherrschenden Tieren.

Koala

Die Flugsaurier waren die spektakulärsten fliegenden Tiere aller Zeiten. Sie verschwanden jedoch bei dem Massenaussterben für immer von der Erde.

Caupedactylus

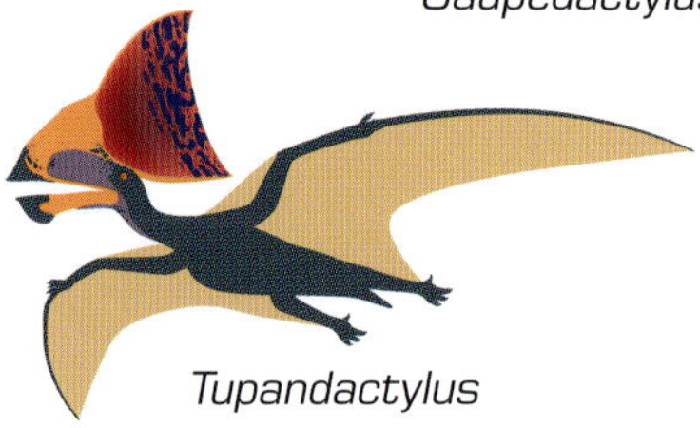

Tupandactylus

Dieser südamerikanische Nandu ähnelt vielen ausgestorbenen Dinosauriern. Seine Vorfahren überlebten den Asteroideneinschlag.

Die größten Säugetiere, die die Katastrophe überlebten, waren nicht größer als dieser Silberdachs.

Insekten wie diese Libelle haben vielleicht deshalb überlebt, weil sie klein und flink waren.

Wirbellose Tiere
Viele wirbellose Meerestiere starben aus, unter ihnen die Ammoniten. Auch die Wirbellosen an Land waren schwer getroffen, überlebten jedoch und besiedelten die Erde aufs Neue.

Säugetiere
Fast alle Säugetiere, die es vor der Katastrophe gab, waren klein und viele lebten in unterirdischen Bauen. Vielleicht boten sie ihnen Schutz, denn etliche Säugetiertypen überlebten.

Vögel
Die meisten Vogelgruppen verschwanden, aber Verwandte der Strauße, die Vorfahren der heutigen Seevögel, Singvögel, Greifvögel und andere Gruppen überlebten.

WELCHE TIERE ÜBERLEBTEN?

Die Katastrophe, die die riesigen Dinos auslöschte, hatte auch auf alle anderen Lebewesen verheerende Auswirkungen. Einige Tiergruppen überlebten jedoch, unter ihnen gefiederte Dinosaurier. Der Grund dafür ist nicht bekannt und vielleicht handelte es sich auch nur um sehr wenige Tiere. Allmählich erholte sich die Erde allerdings und die Nahrungssuche wurde wieder einfacher. Im Lauf der Jahrmillionen entwickelten sich dann die Nachkommen der überlebenden Tiere zu den heute die Erde besiedelnden Arten.

GROSSE SÄUGETIERE

Nach dem Massenaussterben wurden viele Säugetiere sehr groß und ersetzten die riesigen Dinos. Megaherbivoren wie das nashornähnliche *Uintatherium*, das 4 m lang werden konnte, bevölkerten die Landschaften.

Uintatherium

Amphibien
Einige Amphibienformen gingen zum Ende der Kreide zugrunde, aber diejenigen, die überlebten, entwickelten sich nach der Katastrophe weiter. Vor allem die Frösche bildeten viele neue Formen aus.

Reptilien
Einigen Reptiliengruppen erging es besser als ihren Dinoverwandten, wie den Schildkröten, Eidechsen, Schlangen und Krokodilen. Die Flugsaurier und viele Meeresreptilien starben aus.

Fische
Haie und Rochen wurden schwer getroffen und viele Gruppen starben aus. Die meisten Familien der Knochenfische jedoch, wie dieser Barsch, überlebten und entwickelten sich weiter.

NEUARTIGE VÖGEL

Die Vögel, die das Massenaussterben vor 66 Millionen Jahren überlebten, waren eher klein, aber einige ihrer Nachkommen entwickelten sich zu Riesen, wie der flugunfähige Vogel *Gastornis*, der vor etwa 50 Millionen Jahren durch die Wälder streifte. Er wurde bis 2 m hoch und knackte mit seinem kräftigen Schnabel hartschalige Nüsse, die auf dem Waldboden lagen. Wahrscheinlich fing er auch Beute und brach die Knochen toter Tiere auf, um an das nahrhafte Mark zu gelangen.

Mit seinen kräftigen Beinen und Füßen ähnelte *Gastornis* seinen Dino-Vorfahren.

Euoplocephalus
Der große Pflanzenfresser lebte vor etwa 75 Millionen Jahren. Er trug zum Schutz gegen hungrige Tyrannosaurier einen Knochenpanzer und verteidigte sich mit seiner schweren Schwanzkeule.

Issi
Grönland
In der Trias lebte im heutigen Grönland dieser Prosauropode. Der langhalsige Pflanzenfresser war ein Vorfahr der größten Dinos aller Zeiten.

Pachycephalosaurus
Kanada und USA
Der größte bekannte Dickkopfsaurier lebte vor etwa 70 Mio. Jahren. Sein Schädeldach war 30 cm dick. Vielleicht kämpften rivalisierende Männchen, indem sie ihre Köpfe gegeneinander rammten.

Liopleurodon
Deutschland
Das Meeresreptil war in den Meeren des Jura ein gefürchteter Jäger. Er hatte riesige Kiefer, mit denen er andere Meeresreptilien packte und zerfetzte. Kleinere verschlang er im Ganzen.

Dreadnoughtus
Argentinien
Dies ist wahrscheinlich einer der größten Dinos, die es je gab. Der Sauropode wurde 26 m lang und wog unglaubliche 59 t.

Cryolophosaurus
Antarktis
Die Fossilien dieses großen Jägers fand man 1991. Sie belegen, dass in der Antarktis einst viele Tiere lebten. Der Dino trug einen ungewöhnlichen Knochenkamm auf dem Kopf, mit dem er vielleicht den Weibchen imponierte. *Cryolophosaurus* war einer der größten Raubsaurier der Erde.

Heterodontosaurus
Afrika
Dieser Pflanzenfresser lebte im Jura, vor etwa 200 Millionen Jahren. Er war nicht größer als ein Truthahn und hatte ungewöhnliche dolchähnliche Eckzähne, mit denen er sich wahrscheinlich verteidigte, balzte oder mit Rivalen kämpfte.

WO FAND MAN SPANNENDE FOSSILIEN?

Fossilen findet man auf der ganzen Erde, die meisten jedoch an Küsten und in offenen Landschaften, in denen Sedimentgesteine freiliegen. Fossilien werden sichtbar, wenn das Gestein in ihrer Umgebung verwittert und Expertinnen und Experten diese dann freilegen. Unter dichten Wäldern und Eisschilden sind vermutlich noch viele Fossilien im Untergrund verborgen.

Wollhaarmammut
Sibirien
Während der letzten Eiszeit lebten Wollhaarmammuts in grasbewachsenen Landschaften im nördlichen Asien. Einige versanken in Sümpfen, die dann zu Permafrost gefroren, sodass manche Körper fast vollständig erhalten sind.

Velociraptor
Mongolei
Ein berühmtes Fossil von *Velociraptor*, wurde in der Wüste Gobi entdeckt. Dieser Dino starb, während er sein Opfer attackierte. An den Fossilien konnte man erkennen, dass an seinen flügelartigen Armen lange Federn saßen.

Confuciusornis
China
Man fand Fossilien von Hunderten dieser kleinen, gefiederten Dinosaurier im nordöstlichen China. Mit ihren langen Flügeln und dem Schnabel ähnelten sie heutigen Vögeln und es ist fast mit Sicherheit davon auszugehen, dass sie fliegen konnten. Nur die Männchen besaßen lange Schwanzfedern.

Leaellynasaura
Australien
Dieser kleine Pflanzenfresser mit großen Augen und einem langen Schwanz lebte zu einer Zeit, als das Klima in Australien kalt war – vor etwa 115 Mio. Jahren lag das Gebiet viel näher am Südpol. Wahrscheinlich trug der Dino ein dichtes Federkleid, das ihn in der eisigen Kälte wärmte.

Interessant!

NEUE METHODEN

Forscherinnen und Forscher untersuchen Dino-Fossilien in Museen heute mit neuen Methoden und kommen zu spannenden Erkenntnissen.

Blick ins Innere

Mit **CT-Scannern** kann man in das Innere von Fossilien blicken, ohne sie zu beschädigen. So erkannte man, dass sich im Schädel von ***Majungasaurus***, einem großen Raubsaurier, der vor 70 bis 66 Millionen Jahren lebte, mit Luft gefüllte Höhlen befinden.

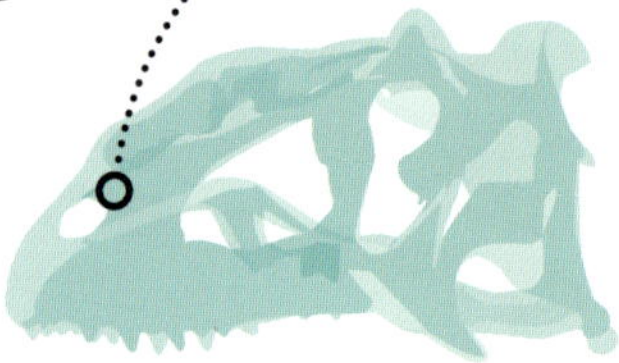

Mikrofossilien

Mit einem **Elektronenmikroskop** kann man Fossilien in unglaublicher Vergrößerung sehen und erkennt Details wie Zellstrukturen. So konnte man Zellen in Dino-Federn untersuchen, die Farbstoffe enthielten. Sie waren Hinweise auf die Färbung der lebenden Dinosaurier.

Er oder sie?

2005 ergab eine chemische Analyse, dass ein Beinknochen von ***Tyrannosaurus*** ein spezielles kalziumreiches Gewebe enthielt, das Vogelweibchen besitzen und das zur Bildung der Eierschale beiträgt. Das war der Beleg dafür, dass dieser Dino ein Weibchen war.

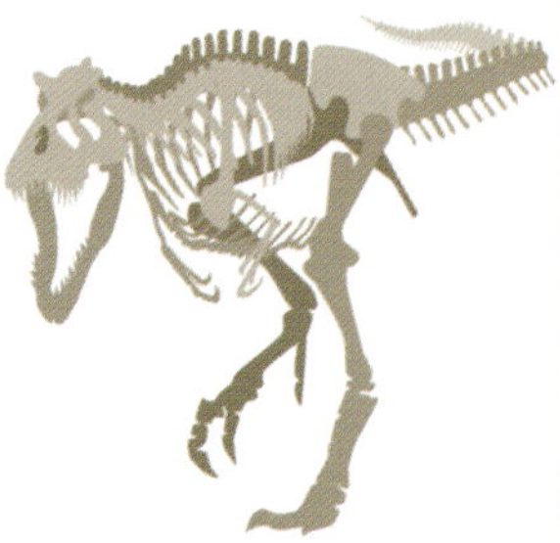

DIE VERWANDLUNG VON *MEGALOSAURUS*

Megalosaurus bekam 1824 als erster Dinosaurier einen Namen. Seither haben sich unsere Vorstellungen von seinem Aussehen immer wieder stark verändert.

Um 1850

Im Crystal Palace Park in England stellte man 1851 ein Modell von ***Megalosaurus*** aus. Das Tier ähnelte einer Eidechse, denn so stellten sich die Forschenden den Dinosaurier damals vor.

Um 1970

Man hatte herausgefunden, dass der Theropode ***Allosaurus*** auf seinen Hinterbeinen lief. Daraus schloss die Wissenschaft, dass sich auch *Megalosaurus* ähnlich fortbewegte.

Um 2020

Dank moderner Forschung wissen wir heute, dass ***Megalosaurus*** ein schneller Räuber war, der beim Rennen mit seinem erhobenen Schwanz das Gleichgewicht hielt.

HINWEISE AUF DIE URZEIT

Aus dem Körperbau und dem Verhalten heute lebender Tiere kann man viel über das Leben der Dinosaurier in der Urzeit ableiten.

Machtkämpfe

Rothirsche kämpfen mit ineinander verhakten Geweihen, aber meist sind das nur Schaukämpfe. **Ceratopsier** verhielten sich vielleicht ähnlich und das Tier mit den größten Hörnern hatte den höchsten Rang.

Eier im Nest

Eine **Henne** brütet ihre Eier aus und beschützt die Küken mit ihren Flügeln. Ein Fossil des Dinos ***Citipati*** zeigt, dass er sich vor 80 Millionen Jahren schon genauso verhielt.

MODELLE

Mit Computermodellen und Robotern erforschen Wissenschaftler und Wissenschaftlerinnen heute die Tiere der Urzeit.

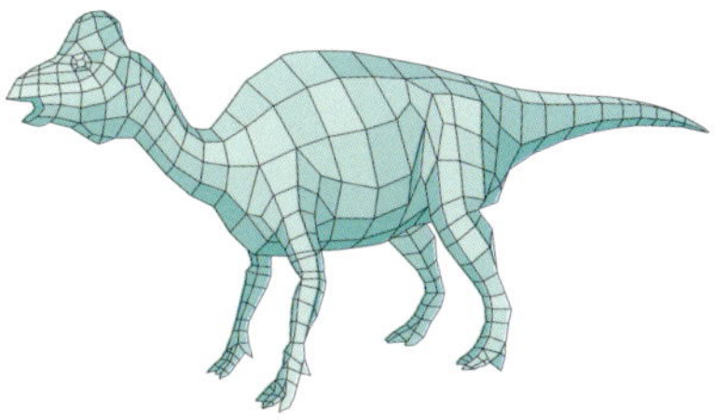

Computermodelle

Mit den Daten, die Fossilien liefern, kann man **Computermodelle** entwickeln, die veranschaulichen, wie das Skelett und die Muskeln zusammenarbeiteten. So kann man Dinos beim Laufen und sogar beim Zubeißen simulieren.

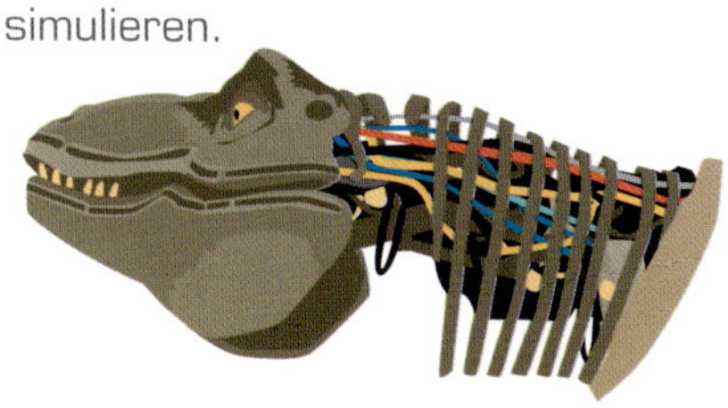

Roboter

Ingenieure fertigen **Dinosaurier-Roboter** an, um die Theorien der Computermodelle zu überprüfen. Mit diesem mechanischen ***Tyrannosaurus*** hat man getestet, ob er wirklich Knochen durchbeißen konnte.

DIE LETZTEN TAGE DER RIESEN

Experten sind sich einig, dass die großen Dinos ausstarben, als ein Asteroid vor 66 Millionen Jahren auf der Erde einschlug. Vor kurzem entdeckte man in der Fundstätte Tanis in North Dakota (USA) Überreste von Tieren, die beim Einschlag in 3000 km Entfernung starben, darunter Fische, deren Kiemen vom Staub der Explosion verklebten, und Dinosaurierkörper, die durch die gigantischen Stoßwellen zerfetzt worden waren.

GLOSSAR

AAS
Die Überreste eines toten Tiers.

AASFRESSER
Tiere, die sich von toten Tieren und anderen Abfällen ernähren.

AMPHIBIEN
Wirbeltiere, die sowohl im Wasser als auch an Land leben. Die Larve atmet im Wasser mit Kiemen und entwickelt sich zu einem erwachsenen Tier, das an Land lebt und mit Lungen atmet.

ANKYLOSAURIER
Eine Gruppe der Dinosaurier, deren Körper mit einem Knochenpanzer bedeckt war.

ÄQUATOR
Eine gedachte Linie um die Mitte der Erdkugel, die den gleichen Abstand zum Nord- und zum Südpol hat.

ÄRA
Ein langer Abschnitt der Erdgeschichte, wie das Paläozoikum oder das Mesozoikum.

ARCHOSAURIER
Zu dieser Reptiliengruppe gehören die Dinosaurier, Vögel, Flugsaurier und Krokodile.

ART
Eine Gruppe ähnlich aussehender Lebewesen, die gemeinsam Nachwuchs bekommen.

ASTEROID
Ein großer Gesteinskörper im Weltall, der die Sonne umkreist. Asteroiden sind größer als Meteoriten, aber kleiner als Planeten.

AUSSENSKELETT
Ein Skelett, das sich außen am Körper befindet und ihn schützt und stützt. Krebse und Insekten haben z. B. ein Außenskelett, während Menschen ein knöchernes Innenskelett besitzen.

BERNSTEIN
Das klebrige Harz eines urzeitlichen Baums, das im Lauf der Jahrmillionen versteinert ist.

BESTÄUBUNG
Wenn Pollen von einer Blüte zur nächsten transportiert wird. Bienen und Schmetterlinge bestäuben viele Blüten.

BEUTE
Ein Tier, das von einem anderen Tier getötet und gefressen wird.

BEUTELTIERE
Diese Säugetiere, zu denen die Kängurus und Koalas gehören, bringen sehr kleine Junge zur Welt, die zunächst in einem Beutel am Bauch der Mutter heranwachsen.

DNA
Abkürzung für Desoxyribonukleinsäure. Diese langen Molekülketten findet man in den Zellen aller Lebewesen. Sie tragen deren Erbinformation (Gene) und legen ihr Aussehen fest.

EISZEIT
Ein Zeitabschnitt, in dem die Temperaturen auf der Erde sanken und Eisschilde Teile des Festlands bedeckten.

EMBRYO
Eine Pflanze oder ein Tier in einem frühen Entwicklungszustand, z. B. in einem Ei oder Pflanzensamen.

FÄHRTE
Eine Reihe z. B. versteinerter Fußspuren.

FARNE
Eine Gruppe ursprünglicher Pflanzen, die keine Blüten tragen. Viele Farne wachsen an feuchten Orten und Baumfarne haben hohe Stämme.

FLOSSEN
Breite, paddelförmige Körperanhänge, mit denen sich verschiedene Tiere im Wasser Vortrieb verschaffen.

FLUGSAURIER
Fliegende Reptilien, die im Mesozoikum lebten. Die verlängerten Finger spannten eine Flughaut auf.

FORTPFLANZUNG
Wenn Männchen und Weibchen gemeinsam Nachwuchs bekommen.

FOSSILIEN
Die Überreste oder Spuren von Lebewesen, die nicht verwest sind, sondern sich im Lauf von Jahrmillionen in Stein verwandelt haben.

GINKGOS
Eine ursprüngliche Gruppe blütenloser Pflanzen. Ginkgos sind hohe Bäume mit fächerförmigen Blättern.

GLEICHWARM
Tiere, die eine gleichbleibend hohe Körpertemperatur aufrechterhalten. Säugetiere und Vögel sind gleichwarme Tiere, während Amphibien und Reptilien wechselwarm sind.

GLIEDERFÜSSER
Wirbellose Tiere mit einem gegliederten Körper und einem robusten Außenskelett. Zu den ausgestorbenen Gliederfüßern gehören die Trilobiten und Eurypteriden, zu den heute lebenden die Insekten, Krebstiere und Spinnen.

GONDWANA
Der südliche Großkontinent, der einst aus Afrika, Australien, Antarktika, Südamerika und Indien bestand.

ICHTHYOSAURIER
Eine Gruppe delfinähnlicher Meeressaurier, die im frühen Mesozoikum weit verbreitet waren.

JURA
Die zweite von drei Perioden des Mesozoikums, die vor 201 Millionen Jahren begann und vor 145 Millionen Jahren endete.

KALKSTEIN
Ein Stein, der überwiegend aus dem Mineral Kalzit besteht. Viele Kalksteine haben sich aus Sedimenten der winzigen Schalen urzeitlicher Lebewesen gebildet.

KAMBRIUM
Eine Periode des Paläozoikums, die vor 541 Mio. Jahren begann und vor 485 Millionen Jahren endete.

KARBON
Eine Periode des Paläozoikums, die vor 359 Millionen Jahren begann und vor 298 Millionen Jahren endete.

KERATIN
Dieses robuste Eiweiß kommt in Haaren, Federn, Schuppen, Krallen und Hörnern vor.

KONTINENT
Eine große Landmasse, deren Gesteine anders zusammengesetzt sind als die Gesteine am Grund der Ozeane.

KONTINENTALDRIFT
Die im Lauf der Zeit sehr langsame Bewegung der Kontinente über die Erdoberfläche.

KOPROLITH
Versteinerter Kot eines Tiers, in dem oft noch Reste der Nahrung zu erkennen sind.

KREIDEZEIT
Die dritte Periode des Mesozoikums (Erdmittelalters). Sie begann vor 145 Millionen Jahren und endete vor 66 Millionen Jahren.

LAURASIA
Der nördliche Großkontinent, der einst aus Nordamerika, Europa und Asien bestand.

MAMMUTS
Die Verwandten heutiger Elefanten hatten lange Stoßzähne und lebten im Pliozän und Pleistozän. Während der letzten Eiszeit trugen einige Mammutarten ein langes Fell, das ihren Körper wärmte.

MANIRAPTOREN
Diese weit entwickelten Theropoden hatten kräftige Arme und Krallen an den Fingern. Von ihnen stammen die Vögel ab. „Maniraptor“ bedeutet „Hand-Greifer“.

MASSENAUSSTERBEN
Bei solchen Katastrophen verschwanden viele Lebewesen für immer von der Erde.

MEERESSAURIER
Reptilien, die in den Meeren lebten, wie die Plesiosaurier, Ichthyosaurier und andere Gruppen, die zum Ende des Mesozoikums ausstarben.

MEGAHERBIVOREN
Sehr große Tiere, die Pflanzen fressen.

MESOZOIKUM
Die Ära, die man als Zeitalter der Dinosaurier bezeichnet. Sie begann vor 252 Millionen Jahren und endete vor 66 Millionen Jahren. Man nennt sie auch das Erdmittelalter.

MIKROFOSSILIEN
Fossilien, die so klein sind, dass man sie unter einem Mikroskop erforscht.

MOOSE
Die ursprünglichen blütenlosen Pflanzen bilden kleine Polster und wachsen oft an feuchten Stellen.

MOSASAURIER
Diese riesigen Saurier lebten in der Kreidezeit in den Meeren. Die Räuber hatten einen schlanken Körper, eine lange Schnauze und flossenartige Beine

NADELBÄUME
Die meisten dieser Pflanzen sind hohe Bäume wie Kiefern und Tannen. Die Samen entwickeln sich in Zapfen.

NÄHRSTOFFE
Diese Stoffe sind für Lebewesen unbedingt notwendig, um daraus Körpergewebe aufzubauen und die Körperfunktionen aufrecht zu erhalten.

NAHRUNGSKETTE
Lebenwesen, die sich voneinander ernähren, bilden eine Nahrungskette. An der Basis stehen meistens Pflanzen oder Algen und an der Spitze die größten Räuber.

NEKTAR
Eine zuckerhaltige Flüssigkeit, die Blüten bilden, um Insekten und andere Bestäuber anzulocken.

NEOGEN
Die zweite Periode des Känozoikums, die vor 23 Millionen Jahren begann und vor 2 Millionen Jahren endete.

ORNITHOPODEN
Eine Gruppe pflanzenfressender ungepanzerter Dinos, die meistens auf ihren Hinterbeinen liefen.

OSTEODERMEN
Knochenplatten, die sich in der Haut bilden und oft die Basis eines Panzers bilden.

PALÄONTOLOGEN
Wissenschaftler und Wissenschaftlerinnen, die Fossilien von Tieren und Pflanzen erforschen.

PALMFARNE
Diese tropischen Pflanzen tragen große Zapfen, in denen sich die Samen entwickeln. Ihre Kronen erinnern an das Laub eines Farns oder einer Palme, obwohl sie weder Farne noch Palmen sind.

PERIODE
Ein geologischer Zeitabschnitt, der Teil einer Ära ist. Der Jura war z. B. eine Periode des Mesozoikums oder Erdmittelalters.

PLESIOSAURIER
Meeressaurier mit vier langen Flossen. Viele Plesiosaurier hatten sehr lange Hälse.

PLIOSAURIER
Räuberische Plesiosaurier mit einem kurzen Hals, einem großen Kopf und langen Kiefern.

PROSAUROPODEN
Eine Gruppe langhalsiger pflanzenfressender Dinosaurier, die in der Trias und im Jura lebte. Sie waren die Vorfahren der Sauropoden.

PROTOFEDERN
Haarähnliche Strukturen, die den Körper isolierten. Aus ihnen entwickelten sich die echten Federn.

RÄUBER
Ein Tier, das andere Tiere tötet, um sie zu fressen.

REPTILIEN
Zu dieser Gruppe gehören Krokodile, Schlangen, Flugsaurier, Schildkröten, Echsen und Dinosaurier.

SÄUGETIERE
Eine Gruppe gleichwarmer Wirbeltiere, die ein Fell oder Haare besitzen. Die Mütter säugen ihre Jungen mit Milch.

SAUROPODEN
Eine Gruppe langhalsiger pflanzenfressender Dinosaurier, die sich aus den Prosauropoden entwickelten.

SCHACHTELHALME
Diese ursprünglichen Pflanzen bilden Sporen statt Samen. In der Urzeit wurden einige baumhoch.

SCHWÄMME
Eine Gruppe wirbelloser Tiere, die im Wasser leben. Ihre Körper sind einfach aufgebaut und sie ernähren sich von Teilchen, die sie aus dem Wasser filtern. Sie haben weder Muskeln noch Nerven.

SEDIMENTE
Kleine Teilchen wie Sand oder Schlamm, die sich in Schichten ablagern.

SEDIMENTGESTEIN
Ein Gestein, das aus verfestigten Sedimenten besteht.

SPURENFOSSILIEN
Versteinerungen von Spuren, die ein Tier hinterlassen hat, wie z. B. die Fußsabdrücke eines Dinosauriers.

STEGOSAURIER
Eine Gruppe gepanzerter Dinosaurier, die große Platten und Stacheln am Rücken trugen.

STROMATOLITHEN
Diese Strukturen bildeten sich im seichten Wasser aus Schichten von Blaualgen und Sedimenten. Versteinerte Stromatolithen liefern uns Hinweise auf die ersten Lebewesen.

SUPERKONTINENT
Eine riesige Landmasse, die einst aus vielen miteinander verbundenen Kontinenten bestand.

TARNUNG
Farben, Formen und Muster, mit denen ein Tier in seiner Umwelt kaum zu erkennen ist.

TETHYSMEER
Dieses tropische Meer trennte Gondwana von Laurasia. Schließlich schloss es sich, als Afrika und Indien nach Norden drifteten.

TETRAPODEN
Wirbeltiere mit vier Gliedmaßen (Armen, Beinen oder Flügeln). Amphibien, Reptilien, Säugetiere und Vögel sind Tetrapoden. Auch Schlangen gehören zu den Tetrapoden, denn sie haben sich aus Vorfahren mit vier Gliedmaßen entwickelt.

THEROPODEN
Eine Gruppe der Dinosaurier. Fast alle Theropoden waren Fleischfresser.

TITANOSAURIER
Diese Sauropodengruppe entwickelte sich in der Kreide.

TRIAS
Die erste Periode des Mesozoikums, die vor 252 Millionen Jahren begann und vor 201 Mio. Jahren endete.

TUNDRA
Eine baumlose, kalte Gegend, in der nur niedrige Pflanzen wachsen können.

VERSTEINERUNG
Wenn Körperteile eines toten Lebewesens im Lauf der Zeit von Mineralien ersetzt werden. Manchmal sind in den entstandenen Fossilien auch sehr feine Details erhalten.

VORFAHR
Eine Tier-oder Pflanzenart, aus der sich im Lauf der Evolution eine neue Art entwickelt hat.

WIRBELKNOCHEN
Die Knochen, die die Wirbelsäule eines Dinosauriers, Vogels oder eines anderen Wirbeltiers bilden.

WIRBELLOSE TIERE
Tiere, die keine Wirbelsäule und kein Innenskelett aus Knochen besitzen.

WIRBELTIERE
Tiere mit einer Wirbelsäule und einem Innenskelett aus Knochen.

REGISTER

G

H

I J

DANK UND BILDNACHWEIS

Der DK Verlag dankt: Chris Barker für ergänzende Texte und Helen Peters für die Erstellung des Registers.

Der Verlag dankt folgenden Personen und Organisationen für die freundliche Genehmigung zum Abdruck von Fotos:

(Abkürzungen: o = oben; u = unten; m = Mitte; g = ganz; l = links; r = rechts)

1 Dreamstime.com: Jana Kopilova (Textur). **2 TurboSquid**: 3d_wanderer (gor). **3 TurboSquid:** BenJewer (u). **4 Science Photo Library:** James Kuether (gom); Mark Williamson (gor). **5 Alamy Stock Photo:** Dotted Zebra (gor). Dreamstime.com: Planetfelicity (ml). **6–7 Science Photo Library:** James Kuether. **8 Alamy Stock Photo:** Florilegius (gor). **9 TurboSquid:** Vladislav Egorov (mu). **12–13 Alamy Stock Photo:** Dotted Zebra. 15 **TurboSquid:** Shao 999D (ul). **16–17 Alamy Stock Photo:** Mohamad Haghani. **21 Alamy Stock Photo:** dpa picture alliance (mru). **23 TurboSquid:** 3d_wanderer (mr). **24–25 Science Photo Library:** Dirk Wiersma. **26 Velizar A. Simeonovski:** Caihong juji. Velizar Simeonovski nach Anleitung von Julia Clarke und Chad Eliason (go). **28 Dorling Kindersley:** Andy Crawford/ Robert L. Braun - Modelle (mlo). **29 Alamy Stock Photo:** Martin Shields (mro). TurboSquid: coolnidz (mlo). **31 Getty Images:** Dwi Yulianto / EyeEm (mru). **32–33 Getty Images / iStock:** Warpaintcobra. **34 Shutterstock.com:** Albert Beukhof (mlu); PJ photography (ml). **38–39 Science Photo Library:** Mark Williamson. **47 TurboSquid:** BenJewer. **48–49 TurboSquid:** SDV. **49 R. McKellar (Royal SK Museum):** (mlo). **50–51 Alamy Stock Photo:** PA Images / Jonathan Brady. **54 Dreamstime.com:** Linda Bucklin (ml). **54–55 Dreamstime.com:** Robyn Mackenzie. **55 Dorling Kindersley:** James Kuether (mru). **56 Alamy Stock Photo:** Kevin Schafer (mlu). **Dreamstime.com:** Vladislav Gajic / Vladislav (ml). **56–57 Dreamstime.com:** Judith Kiener; Saskia Massink. **57 Alamy Stock Photo:** Natural History Museum, London (mro). **59 Alamy Stock Photo:** Natural History Museum, London (mu). **60–61 Science Photo Library:** Jose Antonio Peas. **62 Science Photo Library:** Julius T Csotonyi (mlu). **62-63 Science Photo Library:** Jaime Chirinos. **63 Dorling Kindersley:** Peter Minister / Peter Minister, Digital Sculptor (gom). **Getty Images:** Antic Andrej / EyeEm (gor). **64–65 Dorling Kindersley:** Jon Hughes (m). **64 Alamy Stock Photo:** Life on white (mu). **66–67 Science Photo Library:** James Kuether. **69 Alamy Stock Photo:** Thiriet / Andia (gom). **Shutterstock.com:** ChameleonsEye (gor). **71 Dorling Kindersley:** Andy Crawford mit freundlicher Genehmigung des Dorset Dinosaur Museum (mr). **Science Photo Library:** Jaime Chirinos (mlu). **74–75 Getty Images / iStock:** cynoclub (mu). **74 Dreamstime.com:** Yobro10 (mu). **Science Photo Library:** Sebastian Kaulitzki (mru). **75 123RF.com:** Chainarong (mro). **77 E. Ray Garton, Curator, Prehistoric Planet:** (ml). **78 E. Ray Garton, Curator, Prehistoric Planet:** (mru). **79 123RF.com:** Corey A. Ford (mlo). **Dorling Kindersley:** Tracy Morgan: R.A. Strudwick; C.Carter (mlu). **80–81 Science Photo Library:** Mark Garlick. **83 Alamy Stock Photo:** Richard Becker (gom). **Dreamstime.com:** John A. Anderson (gor); Yunona Shimanskaya (gol). **86–87 Dreamstime.com:** Planetfelicity. **88 Getty Images / iStock:** dottedhippo (mlu). **90–91 Alamy Stock Photo:** Album. **92 Alamy Stock Photo:** Corbin17 (mlu). **94 Alamy Stock Photo:** Sergey Krasovskiy / Stocktrek Images (mu). **Dorling Kindersley:** Colin Keates / Natural History Museum, London (mu). **95 Alamy Stock Photo:** Giedrius Stakauskas (mru). **Getty Images:** Gallo Images ROOTS RF collection / Daryl Balfour (mru/ Strauß). **Science Photo Library:** Jaime Chirinos (mro). **96–97 Science Photo Library:** Jaime Chirinos. **99 Dreamstime.com:** Hongqi Zhang (aka Michael Zhang) (mru). **TurboSquid:** all15USD (m). **100–101 Alamy Stock Photo:** blickwinkel / McPHOTO / MKD. **103 Alamy Stock Photo:** Natural History Museum, London (mro). **104 Alamy Stock Photo:** Dotted Zebra (mlu). **105 123RF.com:** Michael Rosskothen (mro). 1**06–107 Alamy Stock Photo:** Natural History Museum, London. **111 TurboSquid:** Dibia Digital. **112–113 Science Photo Library:** Jaime Chirinos. **114–115 Getty Images / iStock:** IgorKovalchuk (m). **115 Alamy Stock Photo:** All Canada Photos/ Wayne Lynch (mro). **Dorling Kindersley:** Harry Taylor / Natural History Museum, London (ml). **Getty Images / iStock:** geckophoto (mu). **116–117 Science Photo Library:** Roman Uchytel. **118 Science Photo Library:** Roman Uchytel (mlu). **119 Dorling Kindersley:** Andrew Nelmerm / Royal British Columbia Museum, Victoria, Kanada (go). **125 Alamy Stock Photo:** William Mullins (mlo). **Dorling Kindersley:** James Kuether (mo) **Getty Images:** The Image Bank Unreleased / Naturfoto Honal (mro). **127 Alamy Stock Photo:** Cultura Creative RF / Gregory S. Paulson (mro). **128–129 Depositphotos Inc:** NDerkach. **130–131 123RF.com:** Athikhun Boonrin (mu). **Alamy Stock Photo:** Xavier Fores - Joana Roncero (go). **Dreamstime.com:** Leigh Prather (m). **130 Dorling Kindersley:** Colin Keates / Natural History Museum (mlu). **131 Alamy Stock Photo:** Kitti Kahotong (mr); wonderlandstock (mlu). **Science Photo Library:** Patrick Dumas / Look At Sciences (gor). **Shutterstock.com:** Suwat wongkham (mru). **132–133 Alamy Stock Photo:** Phil Degginger. **134 Shutterstock.com:** Alex Coan (mlo). **135 Alamy Stock Photo:** Nobumichi Tamura/ Stocktrek Images (mro). **136 Alamy Stock Photo:** Oleksandr Kharchenko (ml). **138 Alamy Stock Photo:** Jill Stephenson (mlo). **140 Alamy Stock Photo:** Nobumichi Tamura/ Stocktrek Images (gor). **140–141 Science Photo Library:** Mark Garlick. **141 Dorling Kindersley:** James Kuether (mru). **142-143 Alamy Stock Photo:** aroundtheworld.photography (m). **146–147 Alamy Stock Photo:** Dotted Zebra. **148–149 Dorling Kindersley:** Simon Mumford / Colorado Plateau Geosystems Inc. (m). **148 Dorling Kindersley:** Simon Mumford / Colorado Plateau Geosystems Inc (gol). **Science Photo Library:** Dirk Wiersma (mru). **156–157 TurboSquid:** BlueModels. **156 Alamy Stock Photo:** Rosanne Tackaberry (mlu). **157 TurboSquid:** corsican (go). **158–159 Science Photo Library:** Detlev Van Ravenswaay. **160 Alamy Stock Photo:** Ger Bosma (mr). **Dreamstime.com:** Lucielang (gom). **Shutterstock.com:** Arizona Daily Pics (m). **161 123RF.com:** Eric Isselee (mlu). **Dreamstime.com:** Sneekerp (mru). **Getty Images / iStock:** cynoclub (mru/Aquarium). **162-163 Science Photo Library:** Jaime Chirinos. **164 TurboSquid:** (mu). **165 TurboSquid:** DisneyTD (mlo)

Weitere Informationen unter:
www.dkimages.com